# Hz. Muhammed
(s.a.v.)
# İle Bir Saat Konuşmak

## Hz. Muhammed (s.a.v.) İle Bir Saat Konuşmak

**Yayın Yönetmeni**
Adem Özbay
**Editörler**
Özlem Özbay - Zeynep Özkan
**Kapak ve İç Tasarım**
Gökhan Koç - Ayşe Sevinçgül
**Baskı - Cilt**
Milsan Basım Sanayi A.Ş.
Muammer Aksoy Cad. 34620 Sefaköy İSTANBUL
Tel: 0212 471 71 50
ISBN: 978-9944-257-70-1

**AKİS KİTAP**
Özbay Yayıncılık San.Tic.Ltd. Şti
Osmanlı Sokak Alara Han No: 11-B
Kazancı Yokuşu Gümüşsuyu/Taksim-İstanbul
Tel: 0212 243 61 82-84    Fax: 0212 243 62 36
www.akiskitap.com-akis@akiskitap.com

# Hz. Muhammed
(s.a.v.)
# İle Bir Saat Konuşmak

**Ahmet Gürbüz**

**Ahmet Gürbüz**

Yazar 1969'da Kayseri'nin şirin bir kazası olan Bünyan'da dünyaya geldi. 1992'den bu yana İstanbul'da ikamet etmektedir. Evli ve üç çocuk babası olan yazarın Marmara Müzik tarafından yayınlanan "Ey Yolcu" ve "Kıyamet" isimli 2 albümü bulunmaktadır. 2001-2004 yılları arasında Adem Özbay'la birlikte Vuslat dergisini yayınladı. "Eğitim Meselelerimiz" isimli kitabı yine Adem Özbay'la birlikte yayına hazırladı. Halen çeşitli dergilerde ve gazetelerde makaleleri yayınlanmaktadır.

# İÇİNDEKİLER

En Güzel İnsan ..................................................................................9
Efendimizin Şemaili ..........................................................................13
Efendimizin İnsanlarla Olan İlişkileri Nasıldı? ..................................17
Efendimizin Bile Bile Orucunu Bozan Fakire Verdiği Cevap Neydi? .......20
Efendimiz Sabah ve Akşam Nasıl Dua Ederdi? ..................................20
Efendimiz İnsanlara Yol Gösterirken Nelere Dikkat Ederdi? ..............21
Efendimiz Hakka ve Hukuka Riayet Edilmesi Konusunda Neler Söylerdi? ..........23
Efendimiz Bir Gününü Nasıl Geçirirdi? ............................................24
Efendimizin Hayırlı İşlerde Bulunmak İsteyen Sahabelere Tavsiyeleri Nelerdi? ....26
İnsanları Nezakete Yönlendiren Uygulamaları Nelerdi? ....................27
Efendimiz Toplu Namaz Kılmayı Niçin Teşvik Etmiştir? ....................27
Efendimizin Muaz (r.a)'a Önemli Tavsiyesi Neydi? ............................28
Efendimiz Emel ve Ecel İlişkisini Nasıl Açıklardı? ............................30
Efendimizin, İnsanların Ölmeden Önce Borçlarını Ödeme Konusundaki Hassasiyeti Nasıldı? ......30
Efendimizin Alınan Borçları Geciktirmemek Konusundaki Nasihatleri Nelerdir? ...32
Efendimizin Muaz b. Cebel'e Verdiği ve Tüm Müminleri İlgilendiren Öğütleri Nelerdir? ....33
Kişinin Ölümünden Sonra da Kendisine Faydası Dokunacak Şeyler Nelerdir? .....34
Neden Anne-Babamıza İyilik Yapmalıyız? ........................................35
Efendimizin Cennet Tasviri Nasıldır? ................................................37
Efendimiz Allah'ı Sıkça ve Gizli Anmaya Dair Neler Söylemiştir? ..........38
Utanma Duygusunun ve Güzel Ahlakın Önemi Nedir? ......................39
Efendimiz Dünyalık Üstünlüğün Bir Gün Mutlaka Sona Ereceği Konusunda Neler Söylemiştir? ......40
Günahların Aleni İşlenmemesi ve Anlatılmamasının Sırrı Nedir? .....41
Kimler Cennete Girebilir? ................................................................41
Hayata Veda Ederken Son Sözümüz Ne Olmalı? ..............................42
Sonradan Müslüman Olan İnsanın Geçmişte İşlediği Günah ve Sevaplar Nasıl Değerlendirilir? ......43
Cennet Kime Vacip Olur? ................................................................43

Kimler Ateşten Kurtulur? ..................................................................44
Kimlerin Hataları Silinip Derecesi Yükseltilir? ......................45
Hatasız Olmak Mümkün mü? ..............................................46
Allah Kullarını Nasıl Affeder? ...............................................47
Allah Bütün Günahları Affeder mi? .....................................48
Allah'ın En Sevdiği Amel Hangisidir? ..................................48
Allah Korkusundan Ağlamanın Sevabı Nedir? .....................49
Ameller İnsanları Kurtarır mı? .............................................49
Arkadaşlığın Önemi Nedir? ..................................................50
İnsanların En Hayırlıları Kimlerdir? .....................................50
Mü'minin Vasıfları Nelerdir? ................................................51
Allah Katında En Makbul İnsan Kimdir? .............................52
Uğursuzluk Var mıdır? ..........................................................53
İyilik veya Kötülükte Ölçü Nedir? ........................................54
Kötü İnsanın Alametleri Nelerdir? .......................................55
Rızk Konusunda Endişe Edilir mi? .......................................56
Tövbenin Mahiyeti Nedir? ....................................................56
Tövbede Sınır Var mıdır? ......................................................58
Yapılan İyiliğe Karşı Teşekkür Nasıl Olmalıdır? ..................59
Teşekkür Etmek Dinimizde Neden Önemlidir? ..................59
Allah'ın Zatı ve İlmi Hakkındaki Düşüncelerimizin Sınırı Ne Olmalıdır? ...........60
Efendimiz, İmamların Namazı Kısa Tutmaları Konusunda Ne Tavsiye Etmiştir? .......61
Bir Müslüman'ın Diğer Bir Müslüman'la Olan İletişimde
Nelere Dikkat Etmesi Gerekir? ............................................61
Güler Yüzle Selamlaşmanın Önemi Nedir? .........................62
Eş Seçerken Nelere Dikkat Etmeliyiz? .................................63
Dinimizce Bir Baba Kızını Zorla Evlendirebilir mi? ............64
Eşler Birbirlerine Nasıl Davranmalıdır? ...............................64
Aile Ziyaretleri ve Sıla-i Rahimin Sevabı Nedir? ..................65
Yardımda Öncelik Sırası Kimdedir? .....................................65
Efendimizin Düşmanlarına Bakış Açısı Nasıldı? ..................66
Mümin Yalan Söyler mi? ......................................................67
Dosdoğru Olmanın Allah Katındaki Derecesi Nedir? .........68
Allah Küçük İyilikleri Nasıl Büyütür? ...................................68
Allah Kullarını Ne Şekilde Mükafatlandırır? .......................69
Efendimiz Devamlı Olarak Hangi Duaları Ederdi? .............72

Yoksulu Giydirene Allah Ne Mükafat Verir? .................................................77
İnsanı Kötü Ölümden Uzaklaştıran Nedir? ...............................................78
Efendimiz, Hz. Ali ve Hz. Fatıma'ya Dünya ve Ahiret Saadeti İçin
Neyi Tavsiye Etmişti?.................................................................................78
Aile İçin Para Kazanıldığında da Sevap Kazanılır mı? ............................80
İnsanı Cehennem Ateşinde Kurtaran Amel Hangisidir? ........................80
Hangi Sadaka Daha Üstündür?..................................................................81
Sadaka Verirken Verdiğimiz Malın Özellikleri Nasıl Olmalıdır?............81
Dinimizde Hayra Vesile Olmanın Önemi Nedir? ...................................82
İyilik Yaparken Kimlere Öncelik Verilmelidir? .......................................83
Efendimizin Komşu Hakları Konusundaki Tavsiyeleri Nelerdir? .........84
Küs Durmanın Sakıncaları Nelerdir? ......................................................85
En Makbul Sabır Hangisidir? ....................................................................86
Gerçek Pehlivan Kimdir?............................................................................86
İnsan Sinirlenince veya Öfkelenince Ne Yapmalı? ..................................87
Çocuğu Ölen İnsanın Sabrına Mükafat Nedir? .......................................88
Sevdiklerimizi Kaybettiğimizde Göstereceğimiz Sabrın Mükafatı Nedir?...........89
Hastalığa Sabretmenin Sevabı Nedir?.......................................................90
İnsanlara ve Akrabalara Karşı Merhametli Olmanın Önemi Nedir? .....91
Allah, Merhamet Etmeyene Rahmette Bulunur mu?..............................91
Allah'ın Kullarına Olan Rahmetinin Ölçüsü Nedir? ...............................92
Hayvanlara Karşı Sorumluluklarımız Nelerdir? .....................................93
Hayvanların Birbiriyle Dövüştürülmesi Doğru mudur? ........................94
En Faziletli ve Akıllı Kimsenin Özellikleri Nelerdir? .............................95
Kusur ve Ayıpları Örtmenin Fazileti Nedir? ...........................................96
Arkadaş Seçiminde Dikkat Edilecek Hususlar Nelerdir? .......................96
Farz İbadetler Kadar Sevap Kazandıran Amel Hangisidir?....................97
İnsanların En Cimrisi Kimdir?..................................................................97
Ölüm Herhangi Bir Sebeple Temenni Edilebilir mi? ............................101
Kabir Soruları Nelerdir? .........................................................................101
Kıyamet Ne Zamandır?............................................................................103
Kıyamet Günü İlk Hesap Verecek Ümmet Hangisidir? ........................103
Kıyamet Günü Allah'ın Yüzüne Bakmayacağı Kişiler Kimlerdir?.......104
İnsanı Sıkıntılardan ve Borçlardan Kurtaracak Dua Hangisidir? .......105
Cebrail (a.s.)'ın Yaptığı, Efendimizin Üç Kez Amin Dediği Dua Hangisidir?...........106

Günahkâr Müslümanlar Cehennemde Ebediyen Kalacaklar mı?............................107
Kıyamet Günü Kimler Şefaate Nail Olacak? ...........................................................108
Cehennem Ateşi Kime Haram Edilmiştir?................................................................108
Efendimiz'in Yoksul Tanımı Nedir? .........................................................................109
Ticarette Dikkat Edilmesi Gereken Hususlar Nelerdir? ..........................................110
Efendimiz Adaletin Sağlanması Konusunda Neler Tavsiye Etmiştir? .....................112
Yağmurların Kesilme Sebepleri Nelerdir? ...............................................................115
Haccın Faziletleri Hakkında Efendimiz Neler Söylemiştir? ....................................115
Efendimiz'in Veda Hutbesi ......................................................................................117
Efendimizin Vefatı ....................................................................................................121
Peygamberimiz (s.a.v.)'in Son Uyarısı Neydi? .........................................................136
Peygamberimiz (s.a.v.)'in Müslümanlara Son Hitap ve Tavsiyeleri Nelerdi?..........137
Efendimiz Halka Son Seslenişinde Hangi Konulara Değinmişti? ..........................138
Efendimiz Neden Hz. Ebubekir'in Kapısının Açık Bırakılmasını İstedi? ..............144
Peygamberimiz (s.a.v.)'in Evinde Kıldırdığı En Son Namaz Nasıldı?......................144
Peygamberimiz (s.a.v.) Son Dakikalarını Nasıl Geçirmiş ve
Son Dileği Ne Olmuştu? ..........................................................................................145
Cebrail (a.s.)'ın Peygamberimiz (s.a.v.)'i Ziyaretinde Neler Yaşandı? .....................146
Nebi'ye Ağıt...............................................................................................................149
Efendime Veda..........................................................................................................156

## *En Güzel İnsan*

Dünya dönmeye başladığı günden beri hiç kimse onun kadar sevilmedi. Hiç kimse onun kadar özlenmedi. Hiç kimsenin hasreti çağlar boyu sineleri bu kadar kanatmadı. Hiç kimse onun kadar rüyaları süslemedi. Hiç kimse onun kadar çoğalmadı. Anaların ninnilerinde hep o vardır. Dualarda hep onun ismiyle yakarışta bulunur insanlar. Onunla hayatı severler, onunla güzeldir ölüm. Hatta insanlar ona kavuşma iştiyakıyla susarlar ölüme. O emniyettir, sükûnettir, vefadır, o sevgilidir.

Sevgi onunla yeşerdi, onunla gelişip büyüdü. Şimdi onun bıraktığı tohumlarla yeryüzü yeniden hayat buluyor. **O bir güneştir, O bir topraktır, O bir anadır, babadır, yardır. O varsa huzur vardır, barış, mutluluk vardır. O varsa yüzler güler, O varsa kalpler itminan içinde olur. O varsa dünya ve ahiret saadeti vardır. O varsa çocuklar, analar, babalar ve yaşlılar sükûnet içindedirler. O, en sevgilidir.**

Dünya yaratıldığı günden beri beşer içinde en kıymetli söz O'nundur. En parlak, en nağmeli, en tatlı ve en doyurucu söz O'nun mübarek dudaklarından dökülürken kararan insanlık kalbi aydınlanmış, dünya gül bahçesine dönmüştür. Hatta insanlar O'nun sözlerini bir muska bilmiş, kendilerini kurtaran bu ümide sımsıkı bağlanarak adeta bir şeref nişanesi olarak göğüsleri içinde ölünceye kadar saklamışlardır. Hatta ölüm ötesi dünyada kendilerine bir beraat olur ümidiyle kefen içinde ahirete taşımışlardır. Çünkü O, Habiballah'tır.

Onu görmeyen göz kendisini kör, işitmeyen kulak sağır, O'nu anlamayan zihin de kendisini eksik saymıştır.

O'nun yaşadığı zaman saadet asrı olmuş, kıyamete kadar insanlığın ulaşmaya çalıştığı bir ideal olarak varlığını devam ettirmiş ve Kıyamet'e kadar eskimeyen, pörsümeyen bir hayat tarzı olarak ulaşılmayı bekleyen bir çıta olmaya devam edecektir. Çünkü O, Resulullah'tır.

Doğduğu ilk günden beri bütün zamanların ve bütün mekanların efendisi O olmuştur. O, uğradığı her yere şeref vermiş, ayak bastığı bütün mekanlar şeref bulmuştur. O, bütün zamanların peygamberi, ahir zamanın son elçisidir. O; Kıyamet'in, Cennet ve Cehennem'in habercisidir. O, herkesin en dar günü olan mahşerde kurtuluş ümidiyle gözlerin kendisine çevrildiği ümmi peygamberdir.

Mabetlerde O vardır, göklerde O vardır, Rahman'ın yanında O vardır. Bir de gönüllerde baş tacı olan O'dur. Mekke'de O vardır, Medine'de O vardır, Kudüs'te, İstanbul'da, Saray Bosna'da O vardır. Kabe O'na güler, tavaflarla O'nun sevgisi dokunur adım adım, ilmek ilmek. Mescid-i Nebevi'den dalga dalga dünyaya salavatların karşılığı yayılır, Kudüs'ten göğe yükselişin kapısını O aralar. İstanbul'da minarelerden O'nun adı okunur. Saray Bosna'da O'nun için can verilir. O, insanların ve şehirlerin kalbinde olan Muhammedün Resulullah'tır.

**O öğretti insan olmayı, adam olmayı. O öğretti sevgiyi, kardeşliği, barışı ve yetimin başını okşayıp zalime karşı dik durmayı. O öğretti cesareti, esaretin zelilliğini ve hürriyetin şerefini.** Namusu, aileyi, toplumsal dayanışmayı, bir arada insanca kalabilmeyi; vuruşmadan, savaşmadan, kırmadan, dökmeden de ayakta kalınabileceğini hep O, O öğretti.

O'nun her uyanışı dua ile, her adımı zikirle, her konuşması hikmet sağanağı şeklinde olurdu. Gülüşü candan, kızışı ve öfkesi Hak içindi. Kendisi için değil, ümmeti için parçalanır, bizim için her türlü eza ve cefaya katlanır ama of bile demezdi. Çünkü O, kainatın en şereflisi, seçilmişlerin imamı, Medine'nin güneşiydi.

Kalbinde gafletin en ufak esamesi dahi bulunmayan Efendimizle, bir gün beraber olabilsek, onunla bir gün dahi olsa şereflensek diye hayal kurduk. Efendimizin yirmi dört saatlik yaşantısı içinde neler yaptığını, neleri tavsiye ettiğini anlamak için onun yanında bulunuyormuşçasına sahih kaynaklardan yararlanarak, seçtiğimiz konularda kendisine sorular sorup cevapları da yine bu kaynaklara dayanarak hazırladık.

**Efendimiz hayatı boyunca sade bir yaşamı seçmiş, kendisine birçok imkanın sunulmasına rağmen O, ahireti önceleyerek 'Dünya onların Cennet bizim olsun.' anlayışını hakim kılmaya çalışmıştır.** O, hep sadeliği, sonuna kadar ve en içten bir şekilde paylaşmayı ve paylaştığı şeylerle de mutlu olmayı seçmiş, kendisini takip edeceklere de bu şekilde davranmayı öğütlemişti. Bir defasında sahabesi ile aralarında şu diyalog geçmiştir:

Enes (r.a.) anlatıyor:

Resulullah (s.a.v.) sedirinde yatarken yanına girdim. Sedirin üzerine hurma dallarından yapılmış bir hasır örtülmüştü. Başının altında da, yüzü deriden, içi hurma lifi dolu bir yastık vardı. Yanıma ashabından bazıları geldiler. Ömer de geldi. Resulullah (s.a.v.) yana döndü. Ömer, Efendimizin böğrüyle hasır arasında hiçbir örtü göremedi. Hasır, Resulullah (s.a.v.)'in böğründe iz yapmıştı. Ömer ağladı. Resulullah (s.a.v.) ona:

- "Seni ağlatan nedir?" dedi. Ömer:

- "Vallahi, ağlamamın sebebi; senin, Allah katında Kisra ve Kayser'den daha değerli olduğunu bilmemdir. Kisra ile Kayser, dünyada nasıl yaşıyorlar; sen ise, Allah'ın Resulü olduğun halde bilip gördüğün yerdesin." dedi.

Resulullah (s.a.v.):

- "Dünyanın onların, ahiretin de bizim olmasına razı olmaz mısın?" dedi. Ömer:

- "Tamam, razı olurum." dedi. Resulullah (s.a.v.):

- "Bu, mutlaka böyledir." dedi.

Efendimizin hanımlarından olan Aişe validemiz Efendimizin örnek hayatını özetleyen şu durumu bildirir:

"Resulullah, geceleyin odasına bir hasır alır, onun üzerinde namaz kılardı. Gündüz de serip üzerinde halk ile otururdu."

Bir defasında Hz. Aişe validemizle arasında geçen başka bir hadiseyi yine Aişe annemizden dinleyelim:

"Yanıma Ensar'dan bir kadın geldi, iki keçe parçasından ibaret olan, Resulullah (s.a.v.)'in yatağını gördü, gitti. Bana içi yün dolu bir yatak gönderdi. Resulullah (s.a.v.) yanıma gelip "Bu nedir?" dedi. Ben de:

- "Ensar'dan falanca kadın yanıma gelmişti. Yatağını görünce bunu sana gönderdi." dedim. Resulullah (s.a.v.):

- "Bunu geri ver!" dedi. Ben de geri vermedim. Onun evimde bulunması hoşuma gitmişti. Resulullah bunu üç defa söyledi. Sonunda:

- "Aişe! Bu yatağı geri ver. Vallahi, isteseydim, Allah, altın ve gümüş dağları benim yanımda yürütürdü." dedi.

**Efendimiz her sabah erkenden kalkar, en güzel kıyafeti ne ise onu giyer ve hemen sabah namazı hazırlıklarına başlardı. Mescitte her sabah Bilal (r.a)'ın ezanıyla mescide koşan sahabelerine imamlık eder, daha sonra onlarla sohbet edip onlara hayrı ve iyiliği tavsiye eder, uyarılarda bulunurdu.** Daha sonra insanlar rızklarını helal yoldan temin etmek kaydıyla huzur içinde şehre dağılırlardı.

Biliyoruz ki, efendimiz gibi çok yönlü bir insanın her gününün aynı olması mümkün değildir. Efendimizin her günü müthiş bir yoğunluk içindedir.

Bu kitapta, biz bir düş kurduk. Efendimizin yanıbaşında bir yolculuğa çıktığımızı hayal edip sahih kaynaklardan onun sözlerini topladık. Buyurun en güzel insanla bir saatlik bir sohbete...

### *Efendimizin Şemaili*

Şimdi sizi, Kainatı varlığıyla şereflendirmiş ve Kainatın Rabbi olan Allah azze ve cellenin habibi olma şerefine erişmiş Efendimizin kısa bir şemailini, onun etrafında hayatı boyunca pervane olmuş, onu kendi canlarından daha aziz bilmiş olan sahabelerin anlattıklarıyla baş başa bırakalım.

Hz. Ali, Peygamberimiz Hz. Muhammed (s.a.v.) Efendimizin şekil ve şemailini şöyle tarif eder: "Peygamber (s.a.v.), ne uzun boylu, ne de kısaydı. Uzuna yakın orta boyluydu. Kendisinin el ve ayak parmakları kalınca, başı vücut yapısıyla dengeli biçimde, büyükçeydi.

Omuzları, dizleri ve bilekleri kemikliydi. Göğsünde, göbeğine kadar çizgi halinde uzanan ince kıllar vardı. Karnında ve göğsünde, bundan başka kıl yoktu.

Peygamber (s.a.v.) yürürken ayaklarını sürümez, adımlarını canlı ve uzun atar, sanki yüksekten iner gibi, önüne doğru eğilirdi. Kendisinin saçı, ne kıvırcık ne de düzdü. Sakalı, sıktı. Yüzü, az köşeli olup, yusyuvarlak değildi. Boynu uzun, gümüş gibi pâk ve parlaktı.

**Efendimizin teni, kırmızı ile karışık aktı. Yüzünün teri inci gibiydi. Miskten daha güzel kokardı.**

Gözleri büyükçeydi. Gözbebeklerinin siyahı, pek siyahtı. Gözlerinin beyazında biraz kırmızılık vardı. Vücudu, ne zayıf ne de şişmandı.

Bakmak istediği tarafa, bütün vücudu ile dönerek bakardı. İki küreğinin arası, enliydi.

Omuz küreklerinin arasında peygamberlik işareti vardı. Peygamber (s.a.v.)'i birdenbire görenler, onun manevî vakar ve heybetinden sarsılırlar, kendisini yakından tanıyınca da ona en derin sevgi ve saygı ile bağlanırlardı. Onun yüce haslet ve meziyetlerini anlatmak isteyen kimse 'Ben, ne ondan önce ne de sonra, onun bir benzerini daha gördüm!' demekten kendini alamazdı."

Hz. Hatice'nin öz ve Peygamberimiz (s.a.v.)'in üvey oğlu Hind b. Ebi Hâle'nin ve diğer sahabelerin bildirdiklerine göre; **"Her güzellik, Resulullah (s.a.v.)'de toplanmıştı. Onun yüzü, ayın on dördü gibi parlardı.** O, uzuna yakın orta boylu idi, kısa boylu değildi. Kendisinin saçı, ne dümdüzdü, ne de kıvırcıktı. Saçı, kendiliğinden ikiye ayrılıp yanlarına dökülürse, oldukları gibi bırakırdı. Birleştiklerinde de onları ayırmaz, oldukları gibi bırakırdı. Saçını uzattığı zaman, onlar kulaklarının memesini aşardı.

Teni, kırmızıyla karışık, ak ve güzeldi. Alnı, açık ve genişti. Kaşları uzun ve kavisliydi.

Kaşlarının uçları ince, araları çok yakındı, fakat çatık değildi. İki kaşının arasında bir damar vardı ki, kızgınlık zamanında kabarır, görünürdü. Yüzünün iki kaş arasında başladığı yer yüksekçe, burnunun ucu da inceydi. Yüzündeki ölçülülük ve denklik, dikkat edenlerin gözünden kaçmazdı. Burnunda, ayrı bir parlaklık da vardı. Sakalı, sıktı.

Peygamberimiz (s.a.v.)'in yanakları düzdü, yumru değildi. Ağzı, tabiî büyüklükteydi.

Dişleri inci taneleri gibiydi. Bütün uzuvları düzgündü. Vücudu sıkı etliydi. Karnı ve göğsü bir seviyedeydi, çıkık değildi. Göğsü ve iki küreğinin arası genişti. İri yapılı ve iri kemikliydi.

Soyunduğu zaman, vücudundan nur saçılırdı. Vücudu tüylü değildi. Yalnız omuz başlarında, pazularında biraz tüyler vardı.

Bilek kemikleri uzun, el ayaları genişti. El ve ayak parmakları, kalınca ve uzuncaydı. Ayaklarının altı düz değil, çukurca idi. Ayakları, hafif etliydi. Ayaklarının üzerine su döküldüğü zaman, etrafa yayılırdı. Yürürken, ayaklarını yerden canlıca kaldırır, iki yanına salınmaz, adımlarını geniş atar, vakar ve sükûnetle, rahatça yürürdü. Etrafına gelişi güzel bakınmazdı. Yeryüzüne bakışı, semaya bakışından çoktu. Yeryüzüne bakışı da, göz ucuylaydı.

Yürürken, sahabelerinin gerisinde yürürdü. Birisiyle karşılaştığı zaman, önce kendisi selam verirdi.

**Resulullah (s.a.v.)'in yüzü ve sesi çok güzeldi. Yüzünde sanki güneş çağlardı.**

Resulullah (s.a.v.), yüzce insanların en güzeli ve tence en parlağıydı. Peygamberimiz (s.a.v.)'in teri de, en güzel kokulardan daha güzel kokardı. Peygamberimiz (s.a.v.)'in eli, serinlikçe kardan daha serin, kokuca da miskten daha güzeldi."

Ümmü Ma'bed'e göre;

"Peygamberimiz (s.a.v.)'in gözünün akı pek ak, siyahı da pek siyahtı ve kudretten sürmeliydi. Sustuğu zaman kendisinde bir vakar ve ağırbaşlılık, konuştuğu zaman da güler yüzlülük görünür; sözleri, sanki dizilmiş birer inci gibi, ağzından tatlı tatlı dökülürdü. Sözü açık ve hak ile bâtıl arasını ayırıcı olup, ne acizlik sayılacak derecede az ne de boş ve gereksiz sayılacak derecede çoktu. Uzaktan bakılınca, kendisi insanların en heybetlisiydi. Yakınına gelince, herkesten daha tatlı ve çekiciydi. Kendisi, ekşi ve asık suratlı değil, güleçti."

Hz. Peygamber (s.a.v.) güzel kokuyu çok severdi. "Sükte" denen özel türden güzel bir kokusu vardı.

Sahabe-i kiram şöyle demiştir: Allah Resulü, hangi sokaktan geçse orası güzel kokuyla dolardı. Çoğu kez "Erkeklerin güzel kokusu öyle olmalı ki, güzel koku yayılıp renk görünmemelidir. Kadılarınki ise, güzel koku yayılmayıp renk görülmelidir." buyurdu.

Konuşurken tane tane konuşurdu. Vurgulamak istediği bir sözü üç kez tekrar ederdi. Hz. Hasan (r.a) bir gün kendisine; "Hz. Peygamber (s.a.v.) nasıl konuşurdu?" diye sorunca şöyle cevap verdi: "**Hz. Peygamber (s.a.v.) daima düşünen bir insan olarak görülürdü. Çoğu kez sessiz durur, hiçbir zaman gereksiz yere konuşmazdı. Her cümleyi ayrı ve net olarak söylerdi.** Eliyle işaret ederken bütün elini kaldırır, bir şeye hayret ettiğinde avucunun içini çevirir, konuşma sırasında bazen elini elinin üstüne vurur, konuşma sırasında bezen keyiflenir, sevindiğinde gözlerini yere çevirirdi. Çok az güler, güleceği zaman tebessüm ederdi. İşte bu, O'nun gülmesiydi."

Hz. Peygamber (s.a.v) temizliğe ayrı bir önem verirdi. Birini kirli elbise giymiş halde görünce: "Bu adam elbisesini yıkamaktan âciz mi?" buyurmuştu. Başka bir gün adamın biri berbat bir elbise giymiş olarak huzuruna geldi. Allah Resulü "Hiç imkânın yok mu?" diye sorunca, adam; "Var" dedi. Bunun üzerine Hz. Peygamber (s.a.v.); "Madem Allah Teâlâ sana ihsanda bulunmuş, o halde bu üstünde görünmelidir." buyurdu.

> *Allah Resûlü sallallahu aleyhi ve sellem buyurdu:"Kalbinde zerre kadar îmanı olan kimse, cehennemden çıkar." Ebû Saîd radıyallahu anh. Tirmizî.*

## *Efendimizin İnsanlarla Olan İlişkileri Nasıldı?*

Efendimizin insanlarla olan münasebetini ise bakın nasıl anlatıyor el-Hasen İbn Ali:

Dayım Hind İbn Ebî Hale'ye, Resulullah'ın (s.a.v.) evden çıktığında ne yaptığını sordum. O da şu cevabı verdi:

"Resulullah (s.a.v.), ancak kendisini ilgilendiren, Müslümanları birbirine ısındıracak, aralarındaki soğukluğu kaldıracak konularda konuşurdu. Her kavmin yüksek hasletli kişisine ikram eder ve ona kavminin işlerinin idaresini verirdi. Halkı sakındırır ve onlardan da sakınırdı. Hiç kimseden güler yüzünü ve güzel huyunu esirgemezdi. Ashabını arar ve aralarında olup bitenleri sorardı. İyiyi över ve pekiştirir, kötüyü de yerer ve zayıflatırdı. Onun işleri itidalliydi. İhtilafsızdı. Gaflete düşerler korkusuyla Müslümanları uyarmayı ihmal etmezdi. Her hali normaldi.

**Kendisine yakın olanlar, insanların en hayırlılarıydı. Onun katında ashabın en üstünü, nasihati en umumî, mertebesi en büyük, yardımı ve iyiliği en güzel olandır.** O, Allah'ı zikretmedikçe ne kalkar ne de otururdu. Nerede olursa olsun, oturan bir topluluğun yanına vardığında, meclisin sonuna oturur ve Müslümanlara böyle yapmalarını emrederdi. Kendisiyle birlikte oturan herkese nasibini verir, öyle ikram ederdi ki, herkes Resulullah'ın (s.a.v.) yanında, kendisinden daha kerim (üstün) birisi yok sanırdı. Kendisiyle oturan (veya gelip ihtiyacını arz eden) kimseye dönüp gidinceye kadar katlanırdı.

Bir kimse, kendisinden bir istekte bulununca onu reddetmez, verir, yahut tatlı ve yumuşak bir dille geri çevirirdi. Onun minderi ve güzel ahlâkı, bütün insanları, içine alacak kadar genişti. Onlara bir baba oldu. Hak konusunda herkes, onun yanında eşitti. Onun meclisi, hilm, haya, sabır ve emanet meclisiydi. O'nun meclisinde ne sesler yükselir ne bir kimse suçlanır ne de işlenmiş bir kusur ve hata açığa vurulurdu. O'nun meclisinde bulunanlar birbirlerinin dengi olup birbirlerine karşı üstünlükleri, ancak takva yönündendi. Onlar alçak gönüllüydüler. O mecliste büyüklere saygı gösterir, küçüklere merhamet eder, ihtiyaç sahiplerini başkalarına tercih edip ihtiyaçlarını karşılamağa çalışır, garibi de (yabancıyı) korurdu."

Ben:

- "Meclisindekilere karşı tutum ve davranışı nasıldı?" dedim. O da şunları söyledi:

- "Daima güler yüzlüydü. Yumuşak huyluydu. Katı kalpli değildi. Hiç kimseyi ayıplamaz ve övmezdi. Hoşlanmadığı şeye göz yumardı. Uman kimseyi umutsuzluğa düşürmezdi.

**Kendisini üç şeyden alıkoymuştu; insanlarla çekişmekten, çok konuşmaktan, yararsız ve boş şeylerle uğraşmaktan.** (İnsanları, üç şeyde kendi hallerine bırakırdı. Hiçbir kimseyi kötülemez ve ayıplamazdı.) Hiç kimsenin ayıbını ve kusurunu araştırmazdı. Ancak sevabını umduğu konuda konuşurdu. O, konuşurken, meclisinde bulunanlar başlarına kuş konmuş gibi, sessiz ve hareketsiz dururlar, sözünü bitirip susunca, konuşurlar, yalnız onunla tartışmazlardı. Onun yanında birisi konuşurken, diğerleri onun konuşması bitinceye kadar susarlardı. (O'nun yanında en sonrakinin sözü ile en öncekinin sözü farksızdı.) Diğerlerinin güldüğü şeye O da güler, onlar bir şeye hayret ederlerse, O da onlar gibi hayret ederdi.

Meclisine gelen yabancıların sözlerinde ve sorularında kabalık ve kırıcılığa katlanırdı ki, ashabı da kendisi gibi davransınlar.

Şöyle derdi: "Bir ihtiyaç sahibini gördüğünüzde ona yardım edin." Hakka tecavüz etmedikçe hiç kimsenin sözünü kesmezdi. Hakka tecavüz ettiğinde de ya onu men ederek (sözünü keser) ya da meclisten kalkıp giderdi.

el-Huseyn şöyle demiştir:

Babama, Resulullah'ın (s.a.v.) eve girişini sordum. O da şunları söyledi:

- "O, evine girdiğinde vaktini üçe ayırırdı. Bir kısmını Allah'a, bir kısmını ailesine, bir kısmını da kendisine. Şahsına ayırdığı vakti kendisiyle insanlar arasında bölüştürmüştü."

Ümmetine ait vakti, fazilet sahiplerine dindeki üstünlük derecelerine göre bölüştürüp kendilerini ona göre huzuruna çağırmak âdetiydi. Onlardan kimisinin bir ihtiyacı, kimisinin iki ihtiyacı, kimisinin de daha çok ihtiyacı vardı. Resulullah (s.a.v.) onlarla meşgul olur, sorularına gerekli cevapları verir ve "Burada bulunan bulunmayana tebliğ etsin. Bana kendisi gelip ihtiyacını arz edemeyen kimsenin ihtiyacını da siz bana arz edin. Şüphesiz sultana ihtiyacını arz edemeyenin ihtiyacını arz edenin ayaklarını kıyamet gününde Allah sabit kılar." derdi. O'nun yanına girenler talip olarak girerler, en büyük ilim zevkini tatmış ve hayra delalet edici olarak çıkarlardı."

*İnsan, elinin emeğinden daha hayırlı bir lokma yememiştir. Allah'ın elçisi Dâvût (a.s) da, kendi elinin emeğini yerdi. (Buhari, Büyu 15)*

## *Efendimizin Bile Bile Orucunu Bozan Fakire Verdiği Cevap Neydi?*

Bir gün Hz. Peygamber (s.a.v.)'in huzuruna bir adam geldi ve "Ben mahvoldum." dedi. Bunun üzerine Hz. Peygamber: "Neden?" diye sordu. Adam: "Ramazan'da eşimle birlikte oldum." dedi. Bunun üzerine Hz. Peygamber (s.a.v.): "Bir köle azad et." buyurdu. O kişi: "Fakirim, köleyi nerden bulayım?" deyince Hz. Peygamber (s.a.v.): "İki ay oruç tut." buyurdu. Bunun üzerine adam: "Bunu da yapamam." deyince Hz. Peygamber (s.a.v.): "Altmış yoksula yemek yedir." buyurdu. Bunun üzerine o adam: "Buna da gücüm yetmez." dedi. O sırada bir yerden bohça dolusu hurma getirilmişti. Bunun üzerine Hz. Peygamber (s.a.v.): "Bunu al, götür ve yoksullara dağıt." buyurunca adam: "Seni peygamber olarak gönderen Allah'a yemin ederim ki, bütün Medine'de benden daha fakiri yoktur." dedi. Hz. Peygamber (s.a.v.) elinde olmadan güldü ve: "Peki, o halde al götür, kendin ye." buyurdu.

## *Efendimiz Sabah ve Akşam Nasıl Dua Ederdi?*

Efendimiz sabah ve akşamları nasıl dua ederdi?

İbn Ömer şöyle dedi: Resulullah (s.a.v.) sabah-akşam şu duaları bırakmazdı:

"Allah'ım! Dinim, dünyam, ehlim ve malım hakkında senden afiyet isterim. Allah'ım! Ayıplarımı ört. Korktuğum şeylerden beni emin kıl. Allah'ım! Önümden, arkamdan, sağımdan, solumdan ve üstümden (gelecek belâlardan) beni koru. Yer sarsıntılarından ani afet ve beladan senin azametine sığınırım."

## Efendimiz İnsanlara Yol Gösterirken Nelere Dikkat Ederdi?

Hz. Peygamber (s.a.v.) bazen insanlarla sohbet ederken onların ufkunu açmak, bilgilerini ve kavrayışlarını ölçmek için onlara sorular sorardı. Abdullah b. Ömer (r.a)'ın rivayetine göre; Bir defasında yine Efendimiz kendisini dinleyen insanlara şöyle demiştir:

Bir keresinde Hz. Peygamber (s.a.v.); "Yaprakları dökülmeyen, Müslümana benzeyen ağaç hangisidir?" diye sordu. Oradakilerin zihni, ormandaki ağaçlara gitti. Benim aklıma hurma ağacı geldi. Fakat küçük olduğum için cevap vermeye cesaret edemedim. Sonunda insanlar cevabı bilemeyerek: "Ey Allah'ın Resulü siz söyleyin." dediler. Hz. Peygamber (s.a.v.) de "Hurma ağacı!" buyurdu. Abdullah b. Ömer (r.a): "Keşke cesaret göstererek aklıma gelen bu cevabı söyleseydim!" diye hayatı boyunca pişmanlık duymuştur.

Yine bir gün Hz. Peygamber (s.a.v.) mescide geldi. Sahabe-i kiramın iki grup halinde oturduklarını gördü. Biri Kur'an-ı Kerim okumakla, zikir ve dua ile meşguldü. Diğeri ise ilmî konularla meşguldü. Hz. Peygamber (s.a.v):

"İki grup da güzel ve hayırlı şeylerle uğraşıyor, ama Allah Teâlâ beni öğretici olarak gönderdi." buyurdu. Böyle söyledikten sonra, ilmî konular konuşulan grubun arasına oturdu.

Bu tür toplantılarda, halkın çoğunluğunun bütün incelik ve derinliklerine nüfuz edemeyecekleri meselelerin görüşülüp konuşulmasından hoşlanmazdı. Nitekim bir gün sahabenin bir toplantısında "kader" meselesi üzerinde konuşuluyordu. Allah Resulü bunu duyunca odasından çıkıp geldi. Mübarek yanakları nar gibi kızarmıştı. Sahabe-i kirama hitâb ederek: **"Kur'an-ı Kerim'in âyetlerini birbiriyle çatıştırıyorsunuz. Geçmiş milletler bu gibi şeylerden dolayı mahvoldular."** buyurdu.

Bu toplantıların bir diğer amacı da, sahabe-i kiramın aralarında anlaşamadıkları meseleleri Hz. Peygamber (s.a.v.)'in açıklaması, çözemedikleri konulara açıklık getirmesiydi. Nitekim Hz. Peygamber (s.a.v.)'in yaptığı bir toplantıda, iki kişi böyle bir konuda karşılıklı konuştular.

Biri, "Düşmanla karşı karşıya geldiğimizde bir kimse övünerek, 'Haydi bu hamleme cevap ver bakayım, ben Gıfâr kabilesinin yiğitlerindenim' diyerek mızrak fırlatsa buna ne dersin?" dedi. Karşısındaki: "Benim kanaatime göre, hiçbir sevap alamaz." diye cevap verdi. Üçüncü bir adam da bu konuşmaları dinledikten sonra: "Benim görüşüme göre bunda hiçbir sakınca yoktur." dedi. Farklı görüşler ortaya çıktı, herkes bir şey söyledi. Hz. Peygamber (s.a.v.) bu konuşmaları dinledikten sonra: "Sevap kazanmakla şöhret elde etme, birbirine aykırı değildir." buyurdu.

O, her zaman sahabesiyle içi içedir. Devamlı onların eğitimi ile meşguldür. Yararlı olanları tavsiye ederken zararlı olanlardan sakındırmaktadır. Sohbetleri o kadar etkileyici ve bir o kadarda feyizlidir. Sahabeler onun devamlı sohbet etmesini isterlerdi. Sohbet esnasında adeta bulundukları mekanın dışında, dünyanın tasasından uzak manevi bir iklime taşınırlardı.

Ebu Hüreyre (r.a)'dan dinleyelim:

- "Ey Allah Resulü! Sizin huzurunuzdayken dünya bize hiç geliyor, aklımızın ucundan bile geçmiyor. Ama eve gidip de çoluk çocuğumuzun arasına girince durum değişiyor." dedi. Hz. Peygamber (s.a.v.) de cevaben: "Eğer aynı hal devam etseydi melekler sizi ziyarete gelirdi." buyurdu.

Bir başka gün ise Hanzala (r.a) Allah Resulü'nün mübarek huzuruna geldi ve: "Ey Allah'ın Resulü! Ben münafık oldum. Mübarek huzurunuzda siz cennet ve cehennemi anlatırken onların hepsi gözlerimin önüne geliyor. Ama çoluk çocuğumun arasına katıldığım zaman hepsini unutuyorum." dedi. Bunun üzerine Hz. Peygamber (s.a.v.): "Eğer dışarı çıktıktan sonra da buradaki haliniz aynı şekilde devam etseydi, melekler sizinle tokalaşırdı." buyurdu.

## *Efendimiz Hakka ve Hukuka Riayet Edilmesi Konusunda Neler Söylerdi?*

Sosyal hayat içinde emeğe saygı gösterilmesini telkin eder ve yanında işçi çalıştıranlara her defasında şu tembihte bulunurdu: **"Çalışana ücretini teri kurumadan veriniz ve daha işinin başında iken ücretini bildiriniz ki daha sonra insanlar arasında bir anlaşmazlık ve husumet vücuda gelmesin."** *(Beyhaki)*

İnsanların birbirine karşı olan sorumluluklarını her fırsatta vurgulayarak; "Müminin mümine karşı durumu; bir kısmı diğer bir kısmını tutan tuğlalar gibidir." buyurmuştur.

Hayatın her alanında birbirimize karşı sorumluluklarımızı hatırlatır ve insanlığın barış ve huzur içerisinde yaşayabilmesinin şartını, herkesin birbirine karşı sorumlu oldukları bilinciyle hareket etmesi gerektiğini vurgulardı.

Yine bir çok kez; "Biriniz, kendi nefsi için sevdiği şeyi, din kardeşi için sevmedikçe, kamil bir mümin olamaz." demiştir.

"Müslüman dilinden, elinden Müslümanların selâmette kaldığı kimsedir. Muhacir de Allah'ın yasakladığını terk edendir."

İnsanları devamlı ilme teşvik eder, cehaletten kurtulmaları için çaba sarf ederdi:

**"Kim ilim talep ederse, bu işi, geçmişteki günahlarına kefaret olur."** buyurmuştur. *(Tirmizî, İlim)*

## Efendimiz Bir Gününü Nasıl Geçirirdi?

Hz. Peygamber (s.a.v.) günlük olarak her zaman yaptığı gibi, sabah namazını kıldıktan sonra namazını kıldığı seccadenin üzerine diz çökerek oturur, güneş iyice doğuncaya kadar öyle kalırdı. Sahabeler Hz. Peygamber (s.a.v)'in çevresine otururlar, O'nun nasihat ve öğütlerini dinlerlerdi.

Hz. Peygamber (s.a.v.) çoğunlukla sahabeye: "Rüya gören oldu mu?" diye sorardı. Eğer biri rüya görmüşse anlatır, Peygamber (s.a.v.) de onu yorumlardı. Ara sıra kendi gördüğü rüyaları anlatır, bundan sonra insanların ihtiyaçlarına binaen çeşitli konuşmalar yapılırdı. İnsanlar cahiliye dönemine ait olayları anlatır, şiir okur, tatlı sözler konuşurlardı. Hz. Peygamber (s.a.v.) de konuşulanları dinler ve sadece tebessüm ederdi. Bazı zamanlarda ganimet mallarını ve çeşitli kişilere bir maaş gibi verilen yardımları dağıtırdı.

Bazı rivayetlerde Hz. Peygamber (s.a.v.)'in güneş biraz yükselip de gün ilerleyince kuşluk namazı olarak bazen dört, bazen de sekiz rekât namaz kıldığı bildirilmiştir. Bundan sonra eve gider, ev işleriyle meşgul olur, yırtık elbiseleri diker, ayakkabı sökülmüşse kendi eliyle tamir eder ve süt sağardı. Öğle namazını yine mescitte cemaate imam olarak eda ederlerdi.

Namazdan sonra insanların sorunlarıyla ilgilenir, varsa hasta ziyaretleri, düğün, ziyafet veya misafirlerle ilgilenirdi. **İkindi namazını kıldıktan sonra mübarek eşlerinin her birinin yanına gider, azar azar oralarda kalır, hatırlarını sorar, sonra kimin sırası gelmişse geceyi orada geçirirdi.** Bütün eşleri orada toplanır, görüşür sohbet ederlerdi. Sonra yatsı namazı için mescide gider, namazdan sonra odasına döner, mübarek eşleri de kendi odalarına gitmek üzere ayrılınca uykuya çekilirdi. Yatsı namazından sonra konuşmayı sevmezdi.

Normal zamanlarda Medine'de efendimizin bir günü böyle geçerdi.

---

*Bir sürüye salınan iki aç kurdun sürüye verdiği zarar, kişinin mal ve şeref hırsıyla dine verdiği zarardan daha fazla değildir. (Tirmizi)*

## Efendimizin Hayırlı İşlerde Bulunmak İsteyen Sahabelere Tavsiyeleri Nelerdi?

İnsanlar sokakta, mescitte veya efendimizin bulunduğu herhangi bir ortamda kişisel tavsiyeler isterler ve efendimizde onlara İhtiyaçları olan tavsiyelerde bulunurlardı. İşte onlardan bazı örnekler:

Süfyan İbnu Abdullah (r.a.) anlatıyor: "Ey Allah'ın Resulü uyacağım bir amel tavsiye et bana!" dedim, şu cevabı verdi:

- "Rabbim Allah'tır de, sonra doğru ol!"

- "Ey Allah'ın Resulü dedim tekrar. Benim hakkımda en çok korktuğunuz şey nedir?" Eliyle dilini tutup sonra:

- "İşte şu!" buyurdu."

- Tartışma ortamından insanların kaçınması ve sakınması gerektiğini söyleyip şöyle buyurdular:

Ebu Ümame (r.a.) anlatıyor.

Resulullah (s.a.v.) buyurdular ki:

- "Ben, haklı bile olsa münakaşayı terk eden kimseye cennetin kenarında bir köşkü garanti ediyorum. Şaka bile olsa yalanı terk edene de cennetin ortasında bir köşkü, ahlakı güzel olana da cennetin en üstünde bir köşkü garanti ediyorum." *(Ebu Davud, Edeb 7)*

## İnsanları Nezakete Yönlendiren Uygulamaları Nelerdi?

Hz. Aişe (r.a.) anlatıyor: Kötü huylarıyla bilinen bir adam, Resulullah (s.a.v.)'in huzuruna girmek için izin istemişti. Aleyhissalâtu Vesselâm: ona iyi davrandı, yumuşak sözle hitap etti. Adam gidince: "Ey Allah'ın Resulü! Onun yüzüne karşı güleryüzlü oldun, iyi davrandın." dedim. Şu cevabı verdi:

- "Ey Aişe! Beni ne zaman kaba buldun? Kıyamet günü, Allah Teâla hazretlerinin yanında mevkice insanların en kötüsü, kabalığından korkarak halkın kendini terk ettiği kimsedir." *(Buhârî, Edeb 38, 48; Müslim, Birr 73)*

## Efendimiz Toplu Namaz Kılmayı Niçin Teşvik Etmiştir?

**Mescitte kılınan namaz ne kadar sevaba tekabül eder?**

İnsanlara toplu bir şekilde bir araya gelerek ibadet etmelerinin önemini anlatıp, mescide gelmelerini teşvik ederdi.

Ebu Hureyre (r.a.) anlatıyor.

Resulullah (s.a.v) buyurdular ki:

- "Kişinin cemaatle kıldığı namaz, evinde ve işyerinde kıldığı namazından yirmi beş kat daha sevaplıdır. Çünkü güzelce abdest alır, mescide gider. Bu gidişte gayesi sadece ve sadece namazdır. Her adım atışında bir derece yükseltilir, günahından da bini dökülür. Namazını kılınca, namazgâhında kaldığı müddetçe melekler ona mağfiret duasında bulunur ve 'Allah'ım, ona mağfiret et, Allah'ım ona rahmet et, Allah'ım onun tövbesini kabul et' derler. Bu kimseye, orada eza vermedikçe, böyle devam eder."

Ebu Hureyre (r.a.)'a: "Hadeste bulunması ne demek?" diye sorulmuştu: "Sesli veya sessiz yel bırakmadıkça!" diye açıkladı. **"Sizden biri, namazı beklediği müddetçe namazdadır."** *(Buhari, Ezan 30, Salat 87, Büyü 49; Müslim, Mesacid 246)*

---

## *Efendimizin Muaz (r.a)'a Önemli Tavsiyesi Neydi?*

### Cehennemden uzaklaştıracak amel nedir?

Muaz İbn-u Cebel (r.a.) anlatıyor: "Bir seferde Resulullah'la beraberdik. Bir gün yakınına tesadüf ettim ve beraber yürüdük.

- "Ey Allah'ın Resulü," dedim. "Beni cehennemden uzaklaştırıp cennete sokacak bir amel söyle!" Peygamberimiz (s.a.v.):

- "Mühim bir şey sordun. Bu, Allah'ın kolaylık nasip ettiği kimseye kolaydır; Allah'a ibadet eder, O'na hiçbir şeyi ortak koşmazsın, namaz kılarsın, zekât verirsin, Ramazan orucunu tutarsın, Beytullah'ta Hac yaparsın!" buyurdular ve devamla: "Sana hayır kapılarını göstereyim mi?" dediler.

- "Evet ey Allah'ın Resulü!" dedim.

- "Oruç (cehenneme) perdedir; sadaka hataları yok

eder, tıpkı suyun ateşi yok etmesi gibi... Kişinin geceleyin kıldığı namaz salihlerin şiarıdır." buyurdular ve şu ayeti okudular:

"Onlar ibadet etmek için gece vakti yataklarından kalkar, Rablerinin azabından korkarak ve rahmetini ümit ederek O'na dua ederler. Kendilerine rızk olarak verdiğimiz şeyden de bağışta bulunurlar." *(Secde 16)* Sonra sordu:

- "Bu (din) işinin başını, direğini ve zirvesini sana haber vereyim mi?"

- "Evet, ey Allah'ın Resulü!" dedim. "Dinle öyleyse!" buyurdu ve açıkladı:

- "Bu dinin başı İslâm'dır, direği namazdır, zirvesi cihâddır!"

Sonra şöyle devam buyurdu: "Sana bütün bunları (tamamlayan) baş amili haber vereyim mi?"

- "Evet ey Allah'ın Resulü!" dedim.

- "Şuna sahip ol!" dedi ve eliyle diline işaret etti. Ben tekrar sordum: "Ey Allah'ın Resulü! Biz konuştuklarımızdan sorumlu mu olacağız?"

- **"Ey Muâz! İnsanları yüzlerinin üstüne -veya burunlarının üstüne- ateşe atan, dilleriyle kazandıklarından başka bir şey midir?"** buyurdular. *(Tirmizi, İman 8)*

---

*Mü'min cennete kavuşuncaya kadar, kulağına gelen hayırlı söz ve hikmete doymaz.*

*(Tirmizi, İlm 19)*

## Efendimiz Emel ve Ecel İlişkisini Nasıl Açıklardı?

Efendimiz çok uzun emel beslemenin doğru olmadığını belirtti ve şöyle buyurdular:

Hz. Enes (r.a.) anlatıyor: Resulullah (s.a.v.) yere bir çizgi çizdi ve "Bu, insanı temsil eder." buyurdu. Sonra bunun yanına ikinci bir çizgi daha çizerek; "Bu da ecelini temsil eder." buyurdu. Ondan daha uzağa bir çizgi daha çizdikten sonra; "Bu da emeldir." dedi ve ilâve etti: "İşte insan daha böyle iken (yani emeline kavuşmadan) ona daha yakın olan (eceli) ansızın geliverir." *(Buhârî, Rikak 4; Tirmizî, Zühd 25)*

Büreyde (r.a.) anlatıyor: "Resulullah (s.a.v.) elindeki iki çakılı (birini yakına, diğerini uzağa) atarak; "Şu ve şu neye delalet ediyor biliyor musunuz?" dedi. Cemaat: "Allah ve Resulü daha iyi bilir." dediler. Buyurdu ki: "Şu (uzağa düşen) emeldir, bu (yakına düşen) de eceldir. (Kişi emeline ulaşmak için gayret ederken, ulaşmadan ölüverir.)"
*(Tirmizî, Emsâl 7)*

## Efendimizin, Ölmeden Önce Borçların Ödenmesi Konusundaki Hassasiyeti Nasıldı?

Efendimiz, yaşamının sonunda borçlu olarak ölen bir insan hakkında şu duyguları beslemiş ve şu sözleri söylemiştir:

Câbir (r.a)'den rivayet edilmiştir; der ki: Resulullah

(s.a.v.), borçlu olarak ölenin cenazesini kılmazdı. Bir gün bir cenaze getirildi. Resulullah (s.a.v): "Onun borcu var mı?" diye sordu. "Evet, iki dinar borcu var." dediler.

"Arkadaşınızın namazını kılınız." buyurdu. Bunun üzerine, Ensar'dan olan Ebû Katâde, "O iki dinarı ben yükleniyorum, Ya Resulullah!" dedi. Hz. Peygamber de adamın namazını kıldı.

Allah (c.c), Resulü'ne fetihler müyesser buyurunca, Efendimiz: "Ben her mümine kendi nefsinden daha evlâyım. Her kim borç bırakırsa (borçlu ölürse) onu ödemek bana aittir. Kim de mal bırakırsa vârislerine aittir." buyurdu. *(Buharî, ferâiz 15)*

Ebû Mûse'l-Eş'arî (r.a)'den, Resulullah (s.a.v)'in şöyle buyurduğu rivayet edilmiştir:

**- "Allah katında, nehyettiği büyük günahlardan sonraki en büyük günah, kişinin ödeyecek mal bırakmadan, borçlu olduğu halde Allah'ın karşısına çıkmasıdır."**
*(Ahmed b. Hanbel)*

Semüre b. Cündüb (r.a)'den şöyle rivayet edilmiştir: Resulallah (s.a.v.) bize hitap edip, "Filan oğullarından burada kimse var mı?" diye sordu. Kimse cevap vermedi. Sonra tekrar:

- "Filan oğullarından burada kimse var mı?" dedi. Yine kimse cevap vermedi. Resulullah (s.a.v.) üçüncü defa tekrar:

- "Filan oğullarından burada kimse var mı?" buyurdu. Bu sefer bir adam kalkıp: "Ben varım, ya Resulallah!" dedi. Hz. Peygamber:

- "Önceki iki seferde niçin cevap vermedin? Şüphesiz ben sizin için sadece hayır anarım. Arkadaşınız, borcuna mukabil hapsedildi (cennete sokulmadı)." buyurdu.

Semüre der ki: "O adamı, arkadaşının bütün borçlarını öderken gördüm. Öyle ki, artık ondan bir şey isteyen hiç kimse kalmadı." *(Nesâî, Buyu 98)*

## Efendimizin Alınan Borçları Geciktirmemek Konusundaki Nasihatleri Nelerdir?

Ebû Hureyre (r.a)'den rivayet edildiğine göre, Resulullah (s.a.v.) şöyle buyurmuştur:

- "Zenginin borcunu geciktirmesi zulümdür. Sizin biriniz hali vakti yerinde olan birine havâle edildiğinde, bu havâleyi kabullenip o kişiye müracaat etsin. *(Buharî, Havale 1)*

Ebû Râfi'in şöyle dediği rivayet edilmiştir: Resulullah (s.a.v.) genç bir deve borç almıştı. Kendisine, sadaka develeri geldi. Bana, (alacaklı) adama genç devesini ödememi emretti. Ben Efendimize:

- "Develer arasında altı yaşını doldurmuş güzel bir deveden başkasını bulamadım." dedim. Bunun üzerine Peygamber Efendimiz:

- "Adama onu ver, şüphesiz insanların en hayırlısı borcunu en iyi şekilde ödeyendir." buyurdu. *(Müslim, Müsâkat)*

---

*Allah bir kulu sevdi mi, onu dünyadan korur. Tıpkı sizden birinin hastasına suyu yasaklaması gibi.* (Tirmizi, Tıbb 1)

## Efendimizin Muaz b. Cebel'e Verdiği ve Tüm Müminleri İlgilendiren Öğütleri Nelerdir?

Efendimizin günlük yaşamında şehir dışından sık sık kendisini ziyarete insanlar gelir ve onları en güzel şekilde ağırlarlardı. İslam'ın hızla yayılması ve yeni İslam'a kazandırılan toprakları idare etmek için özel eğitimli insanları oralara vali olarak tayin ederlerdi. Onlar da Medine'den ayrılırken efendimizden tavsiyeler ister ve Efendimiz onların isteği doğrultusunda ihtiyaçları olan tavsiyelerde bulunurlardı. İşte sahabenin ileri gelenlerinden birisi olan Hz. Muaz b. Cebel'e önemli tavsiyeleri:

Muaz b. Cebel:

- "Yâ Resulallah! Bana tavsiyelerde bulun!" dedi.

Peygamberimiz (s.a.v.):

- "Ne halde veya nerede olursan ol, Allah'tan kork!" buyurdu.

Muaz b. Cebel:

- "Bana tavsiyeni arttır!" dedi.

Peygamberimiz (s.a.v.):

- **"Günahın arkasından hemen haseneyi (sevabı) yetiştir ki, onu yok etsin!"** buyurdu.

Muaz b. Cebel:

- "Bana tavsiyeni biraz daha arttır!" dedi.

Peygamberimiz (s.a.v.):

- "İnsanlara güzel ahlâkla muamele et! Ey Muaz! Sen ki, kitap ehli bir kavmin üzerine gidiyorsun. Onlar senden Cennetin anahtarının ne olduğunu soracaklardır.

Onlara, Cennetin anahtarı, "Lâ ilahe illallahu vahdehu lâ şerike leh'dir, de." buyurdu.

Muaz b. Cebel:

- "Bana kitapta bulunmayan ve senden de işitmediğim bir şey sorulur ve halli için bana getirilirse ne buyurursun?" diye sordu.

Peygamberimiz (s.a.v.):

- "Allah için tevazu göster, Allah seni yükseltir. Sakın iyice bilmedikçe hüküm verme! Sana müşkül, karmaşık gelen işi ehline sor, danış, utanma! En sonra içtihat et! Muhakkak ki Allah, doğruluğuna göre seni muvaffak kılar. İşler sana karmakarışık gelirse, gerçek sence belli oluncaya kadar bekle yahut bana yaz! Bu hususta keyfine göre hareket etmekten sakın! Yumuşak davranmanı sana tavsiye ederim!" buyurdu.

## Kişinin Ölümünden Sonra da Kendisine Faydası Dokunacak Şeyler Nelerdir?

Muaz İbn-u Enes'in babası anlatıyor:

Resulullah (s.a.v.) buyurdular ki: "Kim bir ilim öğretirse, ona bu ilimle amel edenlerin sevabı vardır. Bu amel edenin ücretini eksiltmez."

Ebu Katâde babasından naklediyor: Resulullah (s.a.v.) buyurdular ki: **"Kişinin (öldükten sonra) geride bıraktıklarının en hayırlısı şu üç şeydir: Kendisine dua eden salih bir evlat, ecri kendisine ulaşan bir sadaka-i cariye, kendinden sonra amel edilen bir ilim."**

Hz. Ebu Hureyre (r.a.) anlatıyor: Resulullah (s.a.v.) buyurdular ki: "Mü'min kişiye, hayatta iken yaptığı amel ve iyiliklerden, öldükten sonra kendisine ulaşanlar, öğretip neşrettiği bir ilim, geride bıraktığı salih bir evlat, miras bıraktığı bir mushaf (kitap), inşa ettiği bir mescit, yolcular için yaptırdığı bir bina, akıttığı bir su, hayatta ve sağlıklı iken verdiği bir sadakadır. Ölümünden sonra kişiye işte bunlar ulaşır."

## *Neden Anne-Babamıza İyilik Yapmalıyız?*

Ebu Hüreyre (r.a.) anlatıyor:

Bir adam gelerek;

- "Ey Allah'ın Resulü, iyi davranıp hoş sohbette bulunmama en ziyade kim hak sahibidir?" diye sordu. Hz. Peygamber (s.a.v.):

- "Annen!" diye cevap verdi. Adam:

- "Sonra kim?" dedi, Resulullah (s.a.v.):

- "Annen!" diye cevap verdi. Adam tekrar:

- "Sonra kim?" dedi. Resulullah (s.a.v.) yine:

- "Annen!" diye cevap verdi. Adam tekrar sordu:

- "Sonra kim?" Resulullah (s.a.v.) bu dördüncüyü:

- "Baban!" diye cevapladı.

Ebu Hüreyre (r.a.) anlatıyor: "Hz. Peygamber (s.a.v.) bir gün; "Burnu sürtülsün, burnu sürtülsün, burnu sürtülsün." dedi. "Kimin burnu sürtülsün ey Allah'ın Resulü?" diye sorulunca şu açıklamada bulundu: "Ebeveyninden her ikisinin veya sadece birinin yaşlılığına ulaştığı halde cennete giremeyenin." *(Müslim, Birr 9, (2551); Tirmizî, Daavât 110)*

Allah'ın rızasını babanın rızasına bağlayarak buyurdular ki:

Abdullah İbnu Amr İbni'l-Âs (r.a.) anlatıyor: Hz. Peygamber (s.a.v.) şöyle buyurdu: "Allah'ın rızası babanın rızasından geçer. Allah'ın memnuniyetsizliği de babanın memnuniyetsizliğinden geçer." *(Tirmizî, Birr 3)*

Kız çocuklarına karşı daha müşfik davranır onların iyi yetişmesi için bütün imkanları seferber ederdi.

Hz. Enes (r.a.) anlatıyor. Resulullah (s.a.v.) buyurdu ki: "Büluğa erinceye kadar kim iki kız evladı yetiştirirse -parmaklarını birleştirerek- kıyamet günü o ve ben şöyle beraber oluruz." *(Müslim, Birr 149)*

Ebu Saîd (r.a.) anlatıyor. Resulullah (s.a.v.): "Kim 'üç kız' veya 'üç kız kardeş' veya 'iki kız kardeş' veya 'iki kız' yetiştirir, terbiye ve eğitimlerini eksik etmez, onlara iyi davranır ve evlendirirse cenneti hak etmiştir." *(Ebu Dâvud, Edeb 130, (5147); Tirmizî, Birr, 13)*

Tirmizî'de, Câbir İbnu Semure'den gelen bir başka rivayette, Resulullah (s.a.v.) şöyle buyurur: **"Kişinin çocuğunu bir kerecik terbiye etmesi, onun için bir avuç miktarında yiyecek tasadduk etmesinden daha hayırlıdır."**

*Dostunu severken ölçülü sev, günün birinde düşmanın olabilir. Düşmanına da buğzunu ölçülü yap, günün birinde dostun olabilir.*

*(Tirmizi, Birr 60)*

### *Efendimizin Cennet Tasviri Nasıldır?*

İnsanlara cenneti öyle iştiyakla anlatırdı ki bir gün şöyle buyurdular:

Ubâde İbnu's-Sâmit (r.a.) anlatıyor. "Resulullah (s.a.v.) buyurdular ki: "Cennette yüz derece vardır. Her bir derecenin diğer derece ile arası, sema ile arz arası kadar geniştir. Firdevs bunların en yukarıda olanıdır. Cennetin dört nehri buradan çıkar. Bunun üstünde Arş vardır. Allah'tan cennet istediğiniz vakit Firdevs'i isteyin." *(Tirmizi, Cennet 4)*

Ebu Hureyre (r.a.) anlatıyor:

Resulullah (s.a.v.) buyurdular ki:

- "Allah Teâla hazretleri ferman etti ki: Ben Azimu'ş-Şân, salih kullarım için gözlerin görmediği, kulakların işitmediği ve insanın hayal ve hatırından hiç geçmeyen nimetler hazırladım." Ebu Hureyre ilaveten dedi ki:

- "Dilerseniz şu ayet-i kerimeyi okuyun: **Yaptıklarına karşılık Allah katında onlar için göz aydınlığı olacak ne mükâfatların saklandığını kimse bilemez.**" *(Secde 17)*

Sa'd İbnu Sa'd (r.a.) anlatıyor: "Ey Allah'ın Resulü dedim, insanlar neden yaratıldı?"

- "Sudan!" buyurdular.

- "Ya Cennet," dedim, "o neden inşa edildi?"

- "Gümüş tuğladan ve altın tuğladan! Harcı da kokulu misk. Cennetin çakılları inci ve yakuttan, toprağı da zâferandır. Ona giren nimete mazhar olur, eziyet görmez, ebediyet kazanır, ölümle karşılaşmaz. Elbisesi eskimez, gençliği kaybolmaz."

Aleyhissalâtu vesselâm sözlerine şöyle devam buyurdular: "Üç kişi vardır, duaları reddedilmez (mutlaka kabul edilir):

- Âdil imâm (devlet başkanı).

- İftarını yaptığı zaman oruçlu.

- Zulme uğrayanın duası.

Allah, (mazlumun) duasını bulutların fevkine çıkarır ve onlara sema kapıları açılır ve Allah Teâla Hazretleri:

- "İzzetime yemin olsun! Vakti uzasa da, duanı mutlaka kabul edeceğim!" buyurur. *(Tirmizi)*

Hz. Büreyde (r.a.) anlatıyor: Bir adam Resulullah (s.a.v.)'e; "Cennette at var mı?" diye sordu. Resulullah (s.a.v.) de; "Allah Teâla Hazretleri seni cennete koyduğu takdirde, kızıl yâkuttan bir at üzerinde orada dolaşmak isteyecek olsan, o seni istediğin her yere uçuracaktır." buyurdular. Bunun üzerine diğer biri de;

- "Cennette deve var mı?" diye sordu. Ama buna Aleyhissalatu Vesselam öncekine söylediği gibi söylemedi. Şöyle buyurdular:

- **"Eğer Allah seni cennete koyarsa, orada canının her çektiği, gözünün her hoşlandığı şey bulunacaktır."** *(Tirmizi)*

## Efendimiz Allah'ı Sıkça ve Gizli Anmaya Dair Neler Söylemiştir?

Hz. Aişe (r.a.) anlatıyor.

Resulullah Hafaza meleklerinin işitmediği şekilde gizli zikri tercih ederdi ve şöyle derdi:

"Kıyamet günü olduğu zaman bütün mahlukat hesap için toplanınca Hafaza melekleri yazdıklarını getirirler, Allah-ü Teala onlara: "Bakınız kulumun işlediği başka bir şey kaldı mı?" diye sorar. Hafaza melekleri: "Ey Rabbimiz biz bildiğimiz her şeyi yazdık hiçbir şey bırakmadık." derler. Allah Teala kuluna; 'Senin yanımda sakladığın şeyler var, fakat sen onları bilmezsin onları ben sana anlatayım ve söyleyeyim. O, gizli zikirdir.' der." *(Ebu Ya'la)*

## Utanma Duygusunun ve Güzel Ahlakın Önemi Nedir?

Ebu Mesûd (r.a.)'dan (rivayet edildiğine göre) Resulullah (s.a.v.) şöyle buyurmuştur:

"İnsanların ilk peygamberlikten beri duya geldikleri sözlerden biri; 'Utanmazsan dilediğini yap!' sözüdür."

Hz. Aişe (r.a.)'dan (rivayet edildiğine göre); Resululah (s.a.v.)'i (şöyle) derken işittim: "Muhakkak ki mümin, ahlâkının güzelliği sebebi ile (gündüzleri) oruç tutan (ve geceleri de) Allah'a ibâdetle geçiren kimsenin derecesine ulaşır."

Ebu'd Derdâ (r.a.)'dan rivayet edildiğine göre Peygamber (s.a.v.) (şöyle) buyurmuştur: **"Terazide güzel huydan daha ağır basacak olan bir şey yoktur."**

## *Efendimiz Dünyalık Üstünlüğün Bir Gün Mutlaka Sona Ereceği Konusunda Neler Söylemiştir?*

Dünyada elde edilen her şeyin bir gün gerilemeye mahkum olduğu, o yüzden dünyalık şeylerle insanlar arasında üstünlük taslayanların bir gün hüsrana uğrayacağından hareketle, iyi bir insan olmanın şartlarından bir tanesinin de dünyada elde ettiğimiz şeylerle insanlar üzerinde üstünlük duygusuna kapılmamızın ne kadar yanlış olduğunu devamlı öğütlerlerdi.

Hz. Enes (rivayet edilmiştir) dedi ki: Peygamber (s.a.v.)'in "el-Adbâ" isimli devesinin yarışlarda hiç önüne geçilmezdi. Bir gün bir bedevî kendisine ait bir yük devesinin üzerinde geldi ve Adbâ ile yarışa girip onu geçti. Bu geçiş Resulullah (s.a.v.)'in sahabelerine ağır gelir gibi oldu. Bunun üzerine Resulullah (s.a.v): **"Dünyada her yükselen şeyi (oradan tekrar) aşağı indirmek Allah'ın kanunudur."** buyurdu.

Yine Hz. Enes'ten (rivayet edildiğine göre) Peygamber (s.a.v.) şöyle buyurmuştur:

- "Dünyadakilerden her yükselen şeyi (oradan tekrar) aşağı indirmek, aziz ve celil olan Allah'ın kanunudur."

---

*Kişinin malayani (boş) şeyleri terki İslam'ının güzelliğinden ileri gelir.*

(Tirmizi, Zühd 11)

## Günahların Aleni İşlenmemesi ve Anlatılmamasının Sırrı Nedir?

Efendimiz günahların aleni işlenmesinin ve günahların anlatılmasını yasaklayıp şöyle buyurdular:

Ebu Hureyre (r.a.) anlatıyor. Resulullah (s.a.v.) buyurdular ki: "Ümmetimin hepsi affa mazhar olacaktır, günahı aleni işleyenler hariç. Kişinin geceleyin işlediği kötü bir ameli Allah örtmüştür. Ama sabah olunca o; 'Ey falan, bu gece ben şu şu işleri yaptım!' der. Böylece o, geceleyin Allah kendini örtmüş olduğu halde, sabahleyin üzerindeki Allah'ın örtüsünü açar. İşte bu, günahı aleni işlemenin bir çeşididir." *(Buhârî, Edeb 60; Müslim, Zühd 52)*

## Kimler Cennete Girebilir?

Ebu Zerr el-Gıfârî (r.a.) Hazretleri anlatıyor. Hz. Peygamber (s.a.v.) buyurdular ki:

- "Bana Cebrâil (a.s) gelerek **'Ümmetinden kim Allah'a herhangi bir şeyi ortak kılmadan (şirk koşmadan) ölürse cennete girer'** müjdesini verdi." dedi. Ben (hayretle):

- "Zina ve hırsızlık yapsa da mı?" diye sordum.

- "Hırsızlık da etse, zina da yapsa." cevabını verdi. Ben tekrar:

- "Yani hırsızlık ve zina yapsa da ha!" dedim.

- "Evet," dedi, "hırsızlık da etse, zina da yapsa!" *(Buhârî, Tevhid 33; Müslim, İman 153, (94); Tirmizî, İman 18, (2646).)*

Hz. Peygamber (s.a.v.) bir gazveden dönüyordu. Bir kadın çocuğunu kucağına alarak Hz. Peygamber (s.a.v.)'in huzuruna geldi ve:

- "Ey Allah Resulü! Allah kullarını, bir annenin çocuğuna olan sevgisinden daha çok sevmez mi?" diye sordu. Hz. Peygamber (s.a.v.) ise:

- "Evet" buyurdu. Aynı kadın:

- "Hiçbir anne kendi çocuğunu ateşe atmaya razı olmaz." deyince Hz. Peygamber (s.a.v.) çok etkilendi, ürperdi ve ağlamaya başladı. Sonra başını kaldırarak:

- "**Allah Teâlâ sadece isyankârlığından ve itaatsizliğinden dolayı bir Allah'a iki diyen kuluna azap edecektir.**" buyurdu.

## Hayata Veda Ederken Son Sözümüz Ne Olmalı?

Muâz İbnu Cebel el-Ensârî (r.a.) Hazretleri anlatıyor. Hz. Peygamber (s.a.v.) buyurdular ki: "**Kimin (hayatta söylediği) en son sözü Lâ İlâhe İllallah olursa cennete gider.**" *(Ebu Dâvud, Cenâiz 20, 3116)*

### Sonradan Müslüman Olan İnsanın Geçmişte İşlediği Günah ve Sevaplar Nasıl Değerlendirilir?

Ebu Sa'îd (r.a.) der ki: Hz. Peygamber (s.a.v) şöyle buyurdular: "Bir kul İslâm'a girer ve bunda samimi olursa, daha önce yaptığı bütün hayırları Allah, lehine yazar, işlemiş olduğu bütün şerleri de affeder. Müslüman olduktan sonra yaptıkları da şu şekilde muamele görür: Yaptığı her hayır için en az on misli olmak üzere yedi yüz misline kadar sevap yazılır. İşlediği her bir şer için de, -Allah affetmediği takdirde- bir günah yazılır." *(Buharî (İman 31), Nesâî, İman 10, (8, 105)*

### Cennet Kime Vacip Olur?

Ebu Sa'îd (r.a.) der ki: Hz. Peygamber (s.a.v) şöyle buyurdular: "Kim 'Rab olarak Allah'ı, din olarak İslâm'ı, Resul olarak Hz. Muhammed'i seçtim (ve onlardan memnun kaldım)' derse cennet ona vâcip olur." *(Ebu Dâvud, Salât 361, (1529)*

Ukbe İbnu Âmir (r.a.) anlatıyor: Üzerimizde develeri gütme işi vardı (bunu sırayla yapıyorduk). Bir gün gütme nöbeti bana gelmişti. Günün sonunda develeri otlamaya ben çıkarıyordum. Nöbetimden dönüşte Resulullah (s.a.v.)'e geldim, ayakta halka hitap ediyordu. Söylediklerinden şu sözlere yetiştim:

- "Güzelce abdest alıp sonra iki rekât namaz kılan ve namaza bütün ruhu ve benliği ile yönelen hiç kimse yoktur ki kendisine cennet vâcip olmasın!"

(Bunları işitince kendimi tutamayıp) "Bu ne güzel!" dedim. (Bu sözüm üzerine) önümde duran birisi;

- "Az önce söylediği daha da güzeldi!" dedi. Bu da kim, diye baktım. Meğer Ömer İbnu'l-Hattâb'mış. O, sözüne devam etti:

- "Seni gördüm, daha yeni geldin. Sen gelmezden önce şöyle demişti:

- Sizden kim abdestini alır ve bunu en güzel şekilde yapar, sonra da 'Eşhedü en lâ ilâhe illallah ve eşhedü enne Muhammeden abduhû ve Resulühü. **(Şehâdet ederim ki Allah'tan başka ilah yoktur ve yine şehadet ederim ki, Muhammed Allah'ın kulu ve Resulüdür)**' derse, kendisine cennetin sekiz kapısı da açılır; hangisinden isterse oradan cennete girer."

## *Kimler Ateşten Kurtulur?*

Ebu Sa'îd İbnu Mâlik İbni Sinân el-Hudrî (r.a.) demiştir ki: Hz. Peygamber (s.a.v.) şöyle buyurdular: "Kalbinde zerre miktarı iman bulunan kimse ateşten kurtulacaktır."

### *Kimlerin Hataları Silinip Derecesi Yükseltilir?*

Ebu Hüreyre (r.a.) anlatıyor. Resulullah (s.a.v.) buyurdular ki: "Allah'ın hataları silmeye ve dereceleri yükseltmeye vesile kıldığı şeyleri size söyleyeyim mi?"

- "Evet ey Allah'ın Resulü, söyleyin!" dediler. Bunun üzerine saydı:

- "Zahmetine rağmen abdesti tam almak. Mescide çok adım atmak. Bir namazdan sonra diğer namazı beklemek. İşte bu ribâttır, işte bu ribâttır. İşte bu ribâttır." (*Müslim, Tahâret 41, (251); Muvatta, Sefer 55, (1,161); Tirmizi, Tahâret 39, (52); Nesâi, Tahâret 106*)

Ebu Hüreyre (r.a.) anlatıyor: Resulullah (s.a.v.) buyurdular ki: "Mümin -veya müslüman- bir kul abdest aldı mı yüzünü yıkayınca, gözüyle bakarak işlediği bütün günahlar su ile -veya suyun son damlasıyla- yüzünden dökülür iner, ellerini yıkayınca elleriyle işlediği hatalar su ile birlikte -veya suyun son damlasıyla- ellerinden dökülür iner. Ayaklarını yıkayınca da ayaklarıyla giderek işlediği bütün günahları su ile -veya suyun son damlasıyla- dökülür iner. Öyle ki abdest tamamlanınca, günahlarından arınmış olarak tertemiz çıkar." (*Müslim, Tahâret 32, (244); Muvatta, Tahâret 31, (1, 32); Tirmizi, Tahâret 2, (2)*)

Ebu Ümâme el-Bâhili (r.a.) anlatıyor: Amr İbnu Abese (r.a.)'ı dinledim, diyordu ki: "Resulullah (s.a.v.)'e abdest nasıl alınır?' diye sordum. Şöyle açıkladı:

'Abdest mi? Abdest alınca şöyle yaparsın: Önce iki avucunu tertemiz yıkarsın. Sonra yüzünü ve dirseklerine kadar ellerini yıkarsın. Başını mesh edersin, sonra da topuklarına kadar ayaklarını yıkarsın. (Bunları tamamladın mı) bütün günahlarından arınmış olursun. Bir de yüzünü Aziz ve Celil olan Allah için (secdeye) koyarsan, anandan doğduğun gün gibi, hatalarından çıkmış olursun."

Ebu Ümâme der ki: "Ey Amr İbnu Abese dedim, ne söylediğine dikkat et! Bu söylediklerinin hepsi bir defasında veriliyor mu?"

- "Vallahi dedi, bilesin ki artık yaşım ilerledi, ecelim yaklaştı, (Allah'tan ölümden çok korkar bir haldeyim), ne ihtiyacım var ki, Allah Resulü hakkında yalan söyleyeyim! Andolsun söylediklerim, Resulullah (s.a.v.)'den kulaklarımın işitip, hafızamın da zapt ettiklerinden başkası değildir."

(Müslim, Müsâfirin 294, (832); Nesâi, Tahâret 108, (1, 91, 92)

## Hatasız Olmak Mümkün mü?

Ebu Eyyub (r.a.) anlatıyor: Resulullah (s.a.v.) buyurdular ki: "Eğer siz hiç günah işlemeseydiniz, Allah Teâla hazretleri sizi helak eder ve yerinize, günah işleyecek (fakat tövbeleri sebebiyle) mağfiret edeceği kimseler yaratırdı."

(Müslim, Tevbe, 9, (2748); Tirmizi, Da'avat 105, (3533)

Müslim'de Ebu Hüreyre'nin bir rivayeti şöyledir: Resulullah (s.a.v.) buyurdular ki: **"Nefsim kudret elinde olan Zât'a yemin ederim ki, eğer siz hiç günah işlemeseniz, Allah sizi toptan helak eder; günah işleyen, arkadan da istiğfar eden bir kavim yaratır ve onları mağfiret ederdi."** (Müslim, Tevbe 9, (2748)

## Allah Kullarını Nasıl Affeder?

Hz. Ebu Hüreyre (r.a.) anlatıyor:

Resulullah (s.a.v.) bir hadis-i kudsi'de Rabbimizden naklen buyurdu ki: Bir kul günah işledi ve "Ya Rabbi günahımı affet!" dedi.

Hak Teâla da; "Kulum bir günah işledi; arkasından bildi ki günahları affeden veya günahı sebebiyle cezalandıran bir Rabbi vardır."

Sonra kul dönüp tekrar günah işler ve; "Ey Rabbim, günahımı affet!" der.

Alllah Teâla Hazretleri de:

- "Kulum bir günah işledi ve bildi ki, günahı affeden veya günah sebebiyle cezalandıran bir Rabbi vardır."

Sonra kul dönüp tekrar günah işler ve; "Ey Rabbim, beni affeyle!" der. Allah Teâla da:

- "Kulum günah işledi ve bildi ki, günahı affeden veya günah sebebiyle muâheze eden bir Rabbi olduğunu bildi. Dilediğini yap, ben seni affettim!" buyurdu. *(Buhari, Tevhid 35; Müslim, Tevbe 29, (2758)*

---

Amellerin en faziletlisi Allah için sevmek, Allah için buğzetmektir. *(Ebu Davud, Sünnet 3)*

## Allah Bütün Günahları Affeder mi?

Ümmü Derdâ (r.a.) anlatıyor: Ebu'd-derda (r.a.)'ı işittim, demişti ki: "Resulullah (s.a.v.) 'i işittim, şöyle buyurdu: **Müşrik olarak ölenle, bir Müslüman'ı haksız yere öldüren hariç, Allah bütün günahları affedebilir.**" *(Ebu Davud, Fiten 6, (4270)*

## Allah'ın En Sevdiği Amel Hangisidir?

Ebu Said(-i Hudri) (r.a.)'den rivayet edildiğine göre; Resulullah (s.a.v.) şöyle buyurdu, demiştir: "Kim Allah Sübhanehu (rızası) için bir derece tevazu (alçak gönüllülük) ederse Allah o kimseyi buna karşılık olarak bir derece yükseltir. Kim de Allah (rızası) hilafına bir derece kibirlenirse Allah bu kimseyi kibirlenmesine karşılık olarak bir derece alçaltır ki, nihayet onu aşağıların en aşağısında kılsın." *(Mace Cilt 10, Syf.448)*

- Allah Teala Hazretleri güzeldir, güzelliği sever. Kibir ise hakkın ibtali (hükümsüz bırakılması), insanların tahkiri (hor görülmesi)dir. *(Kütüb-i Sitte)*

- **"Allah için mütevazı olanı Allah yüceltir. Böbürleneni Allah alçaltır. Allah'ı çok ananı Allah sever."** (İbn Mace İhya'u Ulum'id-Din Huccetü'l-İslam, İmam Gazali, cilt. 4, s.655)

## Allah Korkusundan Ağlamanın Sevabı Nedir?

Abdullah İbnu Mes'ud (r.a.) anlatıyor: Resulullah (s.a.v.) buyurdular ki: "Sinek başı kadar bile olsa, gözünden Allah korkusuyla yaş çıkan ve bu yaşı yanak yumrusuna değecek kadar akan hiçbir mümin kul yoktur ki, Allah onu (ebedi) ateşe haram etmesin!"

## Ameller İnsanları Kurtarır mı?

Hz. Ebu Hureyre (r.a.) anlatıyor: Resulullah (s.a.v.) buyurdular ki: "(Ey müminler! Amel ve ibadetlerinizi) itidal üzere yapın, ifrattan kaçının. Zira sizden hiç kimseyi (ateşten) ameli kurtaracak değildir."

Sahabeler: "Seni de mi amelin kurtarmaz, ey Allah'ın Resulü!" dediler.

Aleyhissalatu Vesselâm: "Beni de! Eğer Allah kendi katından bir rahmet ve fazl ile benim günahlarımı bağışlamazsa beni de amelim kurtarmaz!" buyurdular.

> Kuvvetli kimse, (güreşte hasmını yenen) pehlivan değildir. Hakiki kuvvetli, öfkelendiği zaman nefsini yenen kimsedir. *(Buhari)*

### Arkadaşlığın Önemi Nedir?

İbnu Ömer (r.a.) anlatıyor: Resulullah (s.a.v.) buyurdular ki: "İnsanlar yalnızlıktaki (mahzuru) benim kadar bilselerdi, hiçbir atlı tek başına bir gececik olsun yol yapmazdı." *(Buhârî, Cihâd 135; Tirmizî, Cihâd 4, (1673)*

Said İbnu'l- Müseyyeb (r.a.) anlatıyor: Resulullah (s.a.v.) buyurdular ki: "Şeytan tek başına olanla, iki kişi beraber olana sıkıntı verir. Eğer üç kişi olurlarsa onlara sıkıntı veremez." *(Muvatta, İsti'zân 36, (2, 978)*

### İnsanların En Hayırlıları Kimlerdir?

İmran İbnu Huseyn (r.a.) anlatıyor: Resulullah (s.a.v.) buyurdular ki: "İnsanların en hayırlıları, benim asrımda yaşayanlardır. Sonra bunları takip edenlerdir, sonra da bunları takip edenlerdir."

İmran (r.a.) der ki: "Kendi asrını zikrettikten sonra iki asır mı, üç asır mı zikretti bilemiyorum, bu sonuncuları takiben öyle insanlar gelir ki kendilerinden şahitlik istenmediği halde şahitlikte bulunurlar, onlar ihanet içindedirler, itimat olunmazlar. Nezirlerde (adak) bulunurlar, yerine getirmezler. Aralarında şişmanlık zuhûr eder." Bir rivayette şu ilave vardır: "Yemin taleb edilmeden yemin ederler." *(Buhari, Şehadat 9, Fezailu'l-Ashab 1, Rikak 7, Eyman 27; Müslim, Fezailu's-Sahabe, 214, (2535); Tirmizi, Fiten 45, (2222), Şehadat 4, (2303); Ebu Davud, Sünnet 10, (4657); Nesai, Eyman 29, (7, 17, 18)*

Ebu Musa (r.a.) anlatıyor: "Resulullah (s.a.v.) ile beraber akşam namazı kılmıştık. Aramızda "Burada oturup yatsıyı da onunla birlikte kılsak." dedik ve oturduk. Derken yanımıza geldi ve;

- "Hâlâ burada mısınız?" buyurdular.

- "Evet!" dedik.

- "İyi yapmışsınız!" buyurdu ve başını semaya kaldırdı. Başını sıkça semaya kaldırdı ve şöyle buyurdu:

- "Yıldızlar semanın emniyetidir. Yıldızlar gitti mi, vaat edilen şey semaya gelir. Ben de ashabım için bir emniyetim. Ben gittim mi, onlara vaat edilen şey gelecektir. Ashabım da ümmetim için bir emniyettir. Ashabım gitti mi ümmetime vaat edilen şey gelir." *(Müslim, Fedâilu's-Sahâbe 207, (2531).*

## Mü'minin Vasıfları Nelerdir?

Safvân İbnu Süleym (r.a.) anlatıyor:

- "Ey Allah'ın Resulü!" dedik, "Mümin korkak olur mu?"

- "Evet!" buyurdular.

- "Peki cimri olur mu?" dedik, yine:

- "Evet!" buyurdular. Biz yine:

- "Pekiyi, yalancı olur mu?" diye sorduk. Bu sefer:

- "Hayır!" buyurdular. *(Muvatta, Kelâm 19, (2, 990)*

## Allah Katında En Makbul İnsan Kimdir?

Abdullah İbnu Amr (r.a.) anlatıyor: Resulullah (s.a.v.)'e "En efdal insan kimdir?" diye sorulmuştu. "Kalbi mahmûm (pak), dili doğru sözlü olan herkes!" buyurdular. Ashab: "Doğru sözlülüğün ne demek olduğunu biliyoruz. Mahmûmu'l-kalb ne demektir?" diye sordu. **(Mahmüm kalb), Allah'tan korkan tertemiz kalptir, içinde günah yoktur, zulüm yoktur, kin yoktur, haset yoktur.**" buyurdular.

Ebû Mûsâ el-Eş'arî Şöyle demiştir: "Yâ Resulâ'llâh, Müslümanların hangisi efdaldir?" diye suâl ettiler. "Müslümanlar; dilinden elinden selâmette kalandır." cevabını verdiler.

Ebu Hureyre (r.a.) anlatıyor: "Resulullah (s.a.v.) buyurdular ki: Ey Ebu Hureyre, verâ sahibi ol (harama götürme şüphesi olan şeylerden de kaçın) ki, insanların Allah'a en iyi kulluk edeni olasın! Kanaatkârlığı esas al ki, insanların Allah'a en iyi şükredeni olasın. Nefsin için sevdiğini insanlar için de sev ki, (kâmil) mümin olasın. Sana komşu olanlara iyi komşuluk et ki, (kâmil bir) müslüman olasın. Gülmeyi az yap, zira çok gülmek kalbi öldürür."

Ebu Zerr (r.a.) anlatıyor: Resulullah (s.a.v.) buyurdular ki: "**Tedbir gibi akıl yoktur. Sakınmak gibi vera' yoktur. İyi huy gibi hasep (itibar vesilesi) yoktur.**"

Ebu Zerr (r.a.) anlatıyor: Resulullah (s.a.v.) buyurdular ki: "Ben bir kelime -Osman dedi ki: 'Bir âyet'- biliyorum. Eğer insanların hepsi onu tutsaydılar hepsine kâfi gelirdi." Ashab: "Ey Allah'ın Resulü, bu hangi ayettir?" dediler,

Aleyhissalâtu vesselâm: "Ve kim Allah'tan korkarsa, Allah o kimseye (darlıktan genişliğe) bir çıkış yolu ihsan eder" *(Talak 2)* ayetini okudu.

## Uğursuzluk Var mıdır?

Urve İbnu Amir el-Kureyşi (r.a.) anlatıyor: Resulullah (s.a.v.)'in yanında uğursuzluktan bahsedilmişti. Buyurdular ki:

- "Bunun en iyisi fe'l (uğur çıkarma)dır. (Uğursuzluk inancı) bir Müslümanı yolundan alıkoymasın. Biriniz, hoşlanmadığı bir şey görecek olursa şu duayı okusun: Allahümme la ye'ti bi'l-hasenâti illa ente ve lâ yedfe'u's-Seyyiâti illâ ente velâ havle ve lâ kuvvete illâ bike. **(Allahım! hayrı ancak sen verebilirsin, kötülüğü de ancak sen defedebilirsin. İbadet, çalışma, korunma için muhtaç olduğumuz) güç ve kuvvet de ancak sendendir.)**" *(Ebu Davud, Tıbb 24, (3919)*

İbnu Mes'ud (r.a.) anlatıyor: Resulullah (s.a.v.) buyurdular ki:

- "Uğursuzluk çıkarmak şirktir, uğursuzluk çıkarmak şirktir, uğursuzluk çıkarmak şirktir. (İhtiyarsız kalbine uğursuzluk vehmi gelip içinde bazı şeylere karşı nefret duyan) hâriç bizden kimsede bu yoktur. Lakin Allah onu tevekkülle giderir." *(Ebu Davud, tıbb 24, (3910); Tirmizi, Siyer 47, (1614)*

Hz. Enes (r.a.) anlatıyor: Resulullah (s.a.v.) buyurdular ki: "Ne sirayet (bulaşma), ne de uğursuzluk vardır. Benim fe'l hoşuma gider." Yanındakiler sordu: "Fe'l nedir?"

- "Güzel bir sözdür!" buyurdu.

### İyilik veya Kötülükte Ölçü Nedir?

Ebu't-Tufeyl (r.a.) anlatıyor:

Allah Resulü (s.a.v.) buyurdu ki:

- "Kim haram para kazanıp da o para ile köle azat etse ve akrabaya yardım etse, bu onun için günah olur." (Taberânî)

Meymûne bint Sa'd (r.a.)'dan:

Dedi ki: "Ey Allah'ın Resulü! Bize çalıntı para hakkında fetva ver!" Şöyle buyurdu: "Onun çalıntı olduğunu bilerek kim yerse, çalınma günahına ortak olmuş olur." (Taberânî)

Ebû Bekr (r.a.)'dan: Allah Resulü (s.a.v.) buyurdu ki:

- "Haramla beslenmiş vücut cennete giremez."

Ebû Ya'lâ'nın (Mu'cemu'l-Evsat'ta) Huzey-fe'den olan rivayeti:

Allah Resulü (s.a.v.) buyurdu ki: **"Haramdan beslenip gelişmiş olan et, cennete giremez; ateş ona daha lâyıktır."** (Cem-ul fevaid)

Efendimiz iyilik ve kötülük hakkında sorulan bir soruya vermiş olduğu cevapta ölçünün vicdanın kendisi olduğunu vurgulayarak vicdanın en güzel iyilik ve kötülük ölçer olduğunu vurgulayarak buyurmuşlardır:

Vâbisa (r.a.)'dan: O, Peygamber (s.a.v.) iyilik ve kötülük hakkında soru sormayı içinden geçirerek geldi. Peygamber (s.a.v.) sordu:

- "Sen mi söyleyeceksin yoksa ben mi sana haber vereyim?"

- "Sen bana haber ver!" dedi.

- "Sen bana iyilik ve kötülüğün ne olduğunu sormak için geldin, değil mi?" Adam:

- "Evet!" dedi.

Bunun üzerine üç parmağını bir araya toplayıp göğsüme koydu ve buyurdu ki:

- "Evet Vâbisa, kendi nefsine sor, kendi nefsine sor! -üç kere tekrarladı- İyilik, ruhunun yatıştığı (mutmain olduğu) şeydir. Kötülük ise, insanlar sana fetva verseler de, içini kazıyan ve göğsünde tereddüt duyduğun şeydir."
(Cem-ul fevaid)

## Kötü İnsanın Alametleri Nelerdir?

İbnu Amr İbni'l-As (r.a.) anlatıyor: Resulullah (s.a.v.) buyurdular ki:

- "Dört haslet vardır; kimde bu hasletler bulunursa o kimse halis münafıktır. Kimde de bunlardan biri bulunursa, onu bırakıncaya kadar kendinde nifaktan bir haslet var demektir: Emanet edilince hıyanet eder, konuşunca yalan söyler, söz verince sözünde durmaz, husûmet edince haddi aşar."

> Öyle bir devir gelecek ki, insanoğlu aldığı şeyin helalden mi, haramdan mı olduğuna hiç aldırmayacak. *(Buhari)*

## *Rızk Konusunda Endişe Edilir mi?*

Halid'in oğulları Habbe ve Sev (r.a.) anlatıyor: "Resulullah (s.a.v.) bir şey tamir etmekte iken yanına girdik. O işte kendisine yardım ettik. 'Başlarınız kımıldadığı müddetçe rızk hususunda yeise düşmeyin. Zira insanı annesi kıpkızıl, üzerinde hiçbir şey olmadığı halde doğurur, sonra aziz ve celil olan Allah onu her çeşit rızkla rızıklandırır.' buyurdular."

Amr İbnu'l-As (r.a.) anlatıyor: Resulullah (s.a.v.) buyurdular ki: "**Şüphesiz, her derede, âdemoğlunun kalbinden bir parça bulunur (yani kalp her şeye karşı bir ilgi duyar). Öyleyse kimin kalbi bütün parçalara ilgi duyarsa, Allah onun hangi vadide helak olacağına hiç aldırmaz. Kim de Allah'a tevekkül ederse, kalbinin her şeye (ilgi kurarak dağılmasını önlemek için) Allah ona yeter.**"

## *Tövbenin Mahiyeti Nedir?*

Hâris İbnu Süveyd anlatıyor: Abdullah İbnu Mes'ud (r.a.) bize iki söz rivayet etti. Bunlardan biri Hz. Peygamber (s.a.v.)'dendi, diğeri de kendisinden. Dedi ki: "Mümin günahını şöyle görür: "O, sanki üzerine her an düşme tehlikesi olan bir dağın dibinde oturmaktadır. Dağ düşer mi diye korkar durur. Fâcir ise, günahı burnunun üzerinden geçen bir sinek gibi görür." İbnu Mes'ud bunu söyledikten sonra eliyle, "Şöyle!" diyerek, burnundan sinek kovalar gibi yapmıştır.

Sonra dedi ki: Ben Resulullah (s.a.v.)'in şöyle söylediğini duydum: "Allah, mümin kulunun tövbesinden, tıpkı şu kimse gibi sevinir: Bir adam hiç bitki bulunmayan, ıssız, tehlikeli bir çölde, beraberinde yiyeceğini ve içeceğini üzerine yüklemiş olduğu bineği ile birlikte seyahat etmektedir. Bir ara (yorgunluktan) başını yere koyup uyur. Uyandığı zaman görür ki, hayvanı başını alıp gitmiştir. Her tarafta arar ve fakat bulamaz.

Sonunda aç, susuz, yorgun ve bitap düşüp 'Hayvanımın kaybolduğu yere dönüp orada ölünceye kadar uyuyayım,' der. Gelip ölüm uykusuna yatmak üzere kolunun üzerine başını koyup uzanır. Derken bir ara uyanır. Bir de ne görsün! Başı ucunda hayvanı durmaktadır, üzerinde de yiyecek ve içecekleri.

**İşte Allah'ın, mümin kulunun tövbesinden duyduğu sevinç, kaybolan bineğine azığıyla birlikte kavuşan bu adamın sevincinden fazladır."** *(Buharî, Da'avât 4; Müslim 3, (2744); Tirmizî, Kıyâmet 50, (2499, 2500).*

---

*Sizi yöneten büyüklerinize sövmeyin! Onların iyi olmaları için dua edin. Çünkü onların iyi olmaları, sizin iyi olmanız demektir.*

*(Ebû Umâme, Taberânî)*

## Tövbede Sınır Var mıdır?

Ebu Said (r.a.) anlatıyor: Resulullah (s.a.v.) buyurdular ki: "Sizden önce yaşayanlar arasında doksan dokuz kişiyi öldüren bir adam vardı. Bir ara yeryüzünün en bilgin kişisini sordu. Kendisine bir râhip tarif edildi. Ona kadar gidip, doksan dokuz kişi öldürdüğünü, kendisi için bir tövbe imkânının olup olmadığını sordu. Râhip; 'Hayır yoktur!' dedi. Onu da öldürüp cinayetini yüze tamamladı.

Adamcağız, yeryüzünün en bilginini sormaya devam etti. Kendisine âlim bir kişi tarif edildi. Ona gelip, yüz kişi öldürdüğünü, kendisi için bir tövbe imkânı olup olmadığını sordu. Âlim: 'Evet, vardır, seninle tövben arasına kim perde olabilir?' dedi. Ve ilâve etti:

- 'Ancak, falan memlekete gitmelisin. Zîra orada Allah'a ibadet eden kimseler var. Sen de onlarla Allah ibadet edeceksin ve bir daha kendi memleketine dönmeyeceksin. Zira orası kötü bir yer.'

Adam yola çıktı. Giderken yarı yola varır varmaz ölüm meleği gelip ruhunu kabzetti. Rahmet ve azap melekleri onun hakkında ihtilâfa düştüler. Rahmet melekleri: 'Bu adam tövbekâr olarak geldi. Kalben Allah'a yönelmişti' dediler. Azap melekleri de: 'Bu adam hiçbir hayır işlemedi.' dediler.

Onlar böyle çekişirken insan suretinde bir başka melek, yanlarına geldi. Melekler onu aralarında hakem yaptılar. Hakem onlara: 'Onun çıktığı yerle, gitmekte olduğu yer arasını ölçün, hangi tarafa daha yakınsa ona teslim edin' dedi. Ölçtüler, gördüler ki, gitmeyi arzu ettiği (iyiler diyarına) bir karış daha yakın. Onu hemen rahmet melekleri aldılar."

Bir rivayette şu ziyade var: "Bir miktar yol gidince, ölüm gelip çattı. Adamcağız yönünü sâlih köye doğru çevirdi. Böylece o köy ehlinden sayıldı." *(Buharî, Enbiya 50; Müslim, Tevbe 46, (2766); İbnu Mâce, Diyât 2, (2621)*

Ebu Hureyre (r.a.) anlatıyor: Resulullah (s.a.v.) buyurdular ki: "Günahlarınız semaya ulaşacak kadar çok bile olsa, arkadan tövbe etmişseniz, günahınız mutlaka affedilir."

### Yapılan İyiliğe Karşı Teşekkür Nasıl Olmalıdır?

Câbir (r.a) anlatıyor: Resulullah (s.a.v.): "**Kim bir ihsana mazhar olursa, bulduğu takdirde karşılığını hemen versin; bulamazsa, verene senâda bulunsun. Zira onu övmekle, teşekkürünü yerine getirmiş olur. Ketmeden (karşılık vermeyen) nankörlük etmiş olur.**" dedi. *(Ebu Dâvud, Edeb 12, (4813, 4814)*

### Teşekkür Etmek Dinimizde Neden Önemlidir?

Enes (r.a.) anlatıyor: Muharcirler hicretle Medine'ye gelip (Ensar'ın yardımlarını gördükleri) vakit şöyle dediler:

- "Ey Allah'ın Resulü! Biz, çok maldan böylesine cömertçe veren, az maldan da yardımı böylesine güzel yapan aralarına inmiş bulunduğumuz şu Medinelilerden başka bir kavmi hiç görmedik! Bize bedel işlerimizi yaptılar, hayatımızı düzene koymada yardımcı oldular. Biz (hicret ve ibadetlerimizle kazandığımız) sevapların hepsini onlar alacak diye korkuyoruz!"

Resulullah (s.a.v.) onlara şu cevabı verdi:

- "Hayır! Onlar sizin dua ve teşekkürlerinizden hâsıl olan sevabı alacaklar." *(Tirmizî, Kıyâmet 45, (2489); Ebu Davud, Edeb 12, (4812)*

## *Allah'ın Zatı ve İlmi Hakkındaki Düşüncelerimizin Sınırı Ne Olmalıdır?*

Ebu Sa'lebe el-Huşenî (r.a.) anlatıyor: Resulullah (s.a.v.) buyurdular ki: "Allah bir kısım farzlar koymuştur, siz bunları daraltmayın. Bir kısım da sınırlar (yasaklar) koydu. Bunlara tecavüz etmeyin. Bazı şeyleri de haram kıldı, onlara yaklaşmayın. Bazı şeyleri de (farz, sınır, haram diye tavsif etmeden mutlak) bırakmıştır. Bunları, unutarak bırakmış değildir. Öyle ise onları (farz mı, haram mı diye didikleyip) araştırmayın."

Ebu Hüreyre (r.a.) anlatıyor. Resulullah (s.a.v.) buyurdular ki: "İnsanlar sizlere ilimden sormaya devam ederken şunu demeye kadar gelirler: "Anladık, Allah herşeyin yaratıcısıdır. Peki, onun yaratıcısı kimdir?" *(Hadis Arş. 7/169)*

Bu, şeytanın vesvesesidir. Allah'ın varlığı kendindendir. O, ezelî ve ebedîdir. *(Buhârî, Bed'ü-l-Halk 11; Müslim, İman 232, (135); Ebü Dâvud, Sünnet 19, (4721, 4722)*

Ebu Hüreyre, bir adamın elini tutarak ilave etti: "Allah ve Resulü doğru söyledi. Bana bunu iki kişi sordu; bu, üçüncüsüdür."

### Efendimiz, İmamların Namazı Kısa Tutmaları Konusunda Ne Tavsiye Etmiştir?

Ebu Mesud Ukbe İbn-i Amr şöyle demiştir: Resulullâh (s.a.v.)'e biri gelip "Yâ Resulullah, filanca bize (namaz kıldırırken) o kadar uzatıyor ki adeta namazı terk edecek gibi oluyorum." dedi. Nebiyy-i Mükerrem (s.a.v.)'i hiçbir mevzuda o günkü kadar gazaplı görmedim. Buyurdu ki "Ey nâs, sizde tenfîr (ürkütme) hasleti vardır. **(İçinizden) halka namaz kıldıran olursa hafif tutsun. Çünkü (cemaatin) içinde hastası var, zayıfı var, iş-güç sahibi olanı var."** *(Buhari)*

### Bir Müslüman'ın Diğer Bir Müslüman'la Olan İletişimde Nelere Dikkat Etmesi Gerekir?

Ebu Hüreyre (r.a.) anlatıyor: Resulullah (s.a.v.) buyurdular ki: "Sakın zanna yer vermeyin. Zira zan, sözlerin en yalanıdır. Tecessüs etmeyin, haber koklamayın, rekabet etmeyin, hasetleşmeyin, birbirinize buğz etmeyin, birbirinize sırt çevirmeyin, ey Allah'ın kulları, Allah'ın emrettiği şekilde kardeş olun."

- "Müslüman, Müslüman'ın kardeşidir. Ona (ihanet etmez), zulmetmez, onu mahrum bırakmaz, onu tahkir etmez."

- "Kişiye şer olarak, Müslüman kardeşini tahkir etmesi yeterlidir. Her Müslüman'ın malı, kanı ve ırzı diğer Müslüman'a haramdır."

- "Allah sizin suretlerinize ve kalıplarınıza bakmaz, fakat kalplerinize ve amellerinize bakar. Takva şuradadır.- Eliyle göğsünü işaret etti-.

- "Sakın ha! Birinizin satışı üzerine satış yapmayın. Ey Allah'ın kulları kardeş olun. Bir Müslüman'ın kardeşine üç günden fazla küsmesi helâl olmaz." *(Buhari, Nikah 45, Edeb 57, 58, Feraiz 2; Müslim, Birr 28-34, (2563 - 2564); Ebu Dâvud, Edeb 40, 56, (4882, 4917); Tirmizi, Birr 18, (1928)*

Ebu Hüreyre (r.a.) anlatıyor: Resulullah (s.a.v.) buyurdular ki:

- "Müslümanın, Müslüman üstündeki hakkı beştir: Selamını almak, hasta ziyaretine gitmek, cenazesine katılmak, davetine icabet etmek, hapşırınca 'Yerhamükallah' demek." *(Buhari, Cenaiz 2; Müslim, Selam 4, (2162); Ebu Davud, Edeb 98, (5030); Tirmizi, Edeb 1, (2738); Nesai, Cenaiz 52, (4, 52)*

## Güler Yüzle Selamlaşmanın Önemi Nedir?

Ebu Zerr (r.a.) anlatıyor: Resulullah (s.a.v.) buyurdular ki: "Ey Ebu Zerr! Mâruf'dan (iyilik) hiç bir şeyi hakir görme, hatta bir kardeşini güler bir yüzle karşılaman bile basit bir şey değildir. Et satın aldığın veya bir tencere kaynattığın zaman suyunu artır, ondan komşuna bir avuç kadar da olsa ver." *(Tirmizi, Et'ime 30, (1834)*

## Eş Seçerken Nelere Dikkat Etmeliyiz?

Resulullah (s.a.v.)'ın azatlısı Sevban (r.a.) anlatıyor:

- "Gümüş ve altın (biriktirme) ile ilgili ayet (Tevbe 34) nazil olduğu zaman halk; 'Öyleyse hangi malı biriktirmeliyiz?' diye birbirlerine sordular. Hz. Ömer: 'Bunu, ben sorup size haber vereyim!' dedi ve hemen devesine atlayıp gitti. Ben de peşinden gittim. Hz. Ömer: 'Ey Allah'ın Resulü, hangi maldan edinelim?' diye sordu. Resulullah (s.a.v.) de; 'Her biriniz, şükreden bir kalp, zikreden bir dil, ahiret işinize yardımcı olacak mümine bir kadın edinsin.' buyurdular."

Ebu Ümame (r.a.)'ın rivayetine göre: Resulullah (s.a.v.) şöyle buyurmuşlardır: "**Mümin, Allah'a takvadan sonra en ziyade saliha bir zevceden hayır görür. Böylesi bir kadına emretse itaat eder. Ona baksa sevinç duyar, bir şeyi yapıp yapmaması hususunda yemin etse, kadın bunu yerine getirerek onu yemininden kurtarır, kadınından ayrılıp uzak bir yere gitse, kadın hem kendi namusu ve hem de adamın malı hususunda hayırhah ve dürüst olur.**"

Abdullah İbnu Amr (r.a.) anlatıyor: Resulullah (s.a.v.) buyurdular ki: "Güzellikleri sebebiyle kadınlarla evlenmeyin. Çünkü güzelliklerinin onları (kibir ve gurur sebebiyle) alçaltacağından korkulur. Onlarla mal ve mülkleri sebebiyle de evlenmeyin, zira mal ve mülkün onları azdıracağından korkulur. Fakat onlarla diyaneti esas alarak evlenin. Yemin olsun, burnu kesik, kulağı delik siyahi dindar bir köle (dindar olmayan hür kadınlardan) iyidir."

### Dinimizce, Bir Baba Kızını Zorla Evlendirebilir mi?

İbnu Bureyde, babası Büreyde'den naklediyor: "Genç bir kız, Resulullah (s.a.v.)'e gelerek; 'Babam, hakirliğini benimle gidermek için kardeşinin oğluyla evlendirdi.' diye şikayette bulundu.

Bureyde devamla der ki: 'Resulullah (s.a.v.) (bu nikahın kabul veya reddinde) yetkiyi kıza bıraktı. Kız da; 'Ben babamın yaptığı işi kabul ettim, fakat babaların böyle yapmaya haklarının olmadığının kadınlarca bilinmesini istedim.' dedi."

### Eşler Birbirlerine Nasıl Davranmalıdır?

İbnu Abbas (r.a.) anlatıyor: Resulullah (s.a.v.) buyurdular ki: "Sizin en hayırlınız, ehline karşı en iyi davrananınızdır. Ben aileme en iyi olanınızım."

Abdullah İbnu Amr (İbni'l-As) (r.a.) anlatıyor: Resulullah (s.a.v.) buyurdular ki: **"Sizin en hayırlınız, kadınlarına karşı en iyi davrananlardır."**

### Aile Ziyaretleri ve Sıla-i Rahimin Sevabı Nedir?

Ebu Hüreyre (r.a.) anlatıyor: Resullah (s.a.v.) buyurdular ki: **"Kim, rızkının Allah tarafından genişletilmesini, ecelinin uzatılmasını isterse aile ziyaretleri yapsın."**

Tirmizi'deki rivayet de şöyle: "Nesebinizden sıla-i rahim yapacaklarınızı öğrenin. Zira sıla-i rahim akrabalarda sevgi, malda bolluk, ömürde uzamadır." *(Buhari, Edeb 12; Tirmizi, Birr 49)*

### Yardımda Öncelik Sırası Kimdedir?

Selmân İbnu Âmir (r.a.) anlatıyor: Resulullah (s.a.v.) buyurdular ki: "Fakirlere yapılan tasadduk bir sadakadır, ama zî-rahm'a (yani akrabaya) yapılan ikidir: Biri sıla-i rahim, diğeri sadaka." *(Nesai, Zekât 82, (5, 92); Tirmizi, Zekât 26, (658); İbnu Mâce, Zekât 28, (1844)*

> *İki haslet vardır ki bir müminde asla beraber bulunmazlar: cimrilik ve kötü ahlak.*
>
> *(Tirmizi)*

## *Efendimizin Düşmanlarına Bakış Açısı Nasıldı?*

Mekke'nin çocuğu olan Efendimiz, İslam'ı yaymaya çalıştığından dolayı yurdundan çıkartılmış, bununla da yetinmeyen müşrikler onun canına kastetmişler, olmadık işkenceler yapmışlardı. Mekke'den zorunlu bir göçe tabi tutulan efendimiz Medine'ye geldikten sonrada kendisine savaş açmışlardı. Düşmanlıklarında sınır tanımayan Mekkelilere karşı o yine de insan merkezli düşünmeye devam ediyordu. Çünkü o hayat vermeye gelmiş ve hayat vermekle görevlendirilmişti.

Peygamberimiz (s.a.v.) Mekkelilerin kuraklık, kıtlık ve ihtiyaç içinde kıvrandıklarını haber alınca, Mekke'ye Amr b. Ümeyye ile arpa, altın ve hurma çekirdeği gönderdi. Bunların, Ebu Süfyan b. Harb ile Safvan b. Ümeyye b. Halef ve Süheyl b. Amf'in her üçüne teslim edilmesini emir buyurdu. Safvan'la Süheyl b. Amr, bunları almaktan kaçındılar. Fakat Ebu Süfyan hepsini teslim alıp Kureyşîlerin fakirlerine dağıttı ve;

- "Allah kardeşimin oğlunu hayırla mükâfatlandırsın! Çünkü o, akrabalık hakkını gözetti!" diyerek, duyduğu memnunluğu dile getirdi.

Peygamberimiz (s.a.v.), Ebu Süfyan'a da, yine Amr b. Ümeyye ile hediye olarak Acve hurması gönderip buna karşılık kendisine meşin hediye etmesi için yazı yazdırmış; Ebu Süfyan da Peygamberimiz (s.a.v.)'in istediği meşini hediye olarak göndermişti.

### Mümin Yalan Söyler mi?

Safvan İbnu Süleym (r.a.) anlatıyor:

- "Ey Allah'ın Resulü!" dedik, mümin korkak olur mu?"
- "Evet!" buyurdular.
- "Peki cimri olur mu?" dedik, yine;
- "Evet!" buyurdular. Biz yine;
- "Peki yalancı olur mu?" diye sorduk. Bu sefer;
- "Hayır!" buyurdular. *(Muvatta, Kelam 19)*

İmam Malik'e ulaştığına göre, İbnu Mes'ud (r.a.) şöyle demiştir: **"Kul yalan söylemeye ve yalan söyleme niyetini taşımaya devam edince bir an gelir ki, kalbinde önce siyah bir nokta belirir. Sonra bu nokta büyür ve kalbinin tamamı simsiyah olur. Sonunda Allah nezdinde 'yalancılar' arasına kaydedilir."** *(Muvatta, Kelam 18)*

Çocuklara şakayla dahi olsa yalan söylemenin çocuk eğitimi açısından sakıncasını dile getirmişler ve bunu günah sebebi olarak ifade etmişlerdir.

Abdullah İbnu Amir (r.a.) anlatıyor: Bir gün, Resulullah (s.a.v.) evimizde otururken, annem beni çağırdı:

- "Hele bir gel, sana ne vereceğim!" dedi. Resulullah (s.a.v.) anneme:

- "Çocuğa ne vermek istemiştin?" diye sordu.

- "Ona bir hurma vermek istemiştim." deyince, Aleyhissalâtu vesselâm:

- "Dikkat et! Eğer ona bir şey vermeyecek olursan üzerine bir yalan yazılacak!" buyurdular. *(Ebu Davud, Edeb 88)*

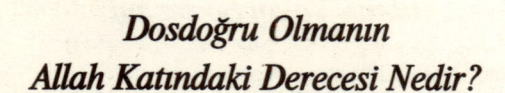

### Dosdoğru Olmanın Allah Katındaki Derecesi Nedir?

İbnu Mesud (r.a.) anlatıyor: Resulullah (s.a.v.) buyurdular ki: "Sıdk insanı birr'e (Allah'ı razı edecek iyiliğe) götürür, birr de cennete götürür. Kişi, doğru söyler ve doğruyu arar da sonunda Allah'ın indinde sıddık (doğru sözlü) diye kaydedilir. Yalan da kişiyi haddi aşmaya götürür. Haddi aşmak da ateşe götürür. Kişi yalan söyler ve yalanı araştırır da sonunda Allah'ın indinde yalancı diye kaydedilir." *Buhari, Edeb 69; Müslim, Birr 102, 103, (2606, 2607); Muvatta, Kelam 16, (2, 989); Ebu Davud, Edeb 88, (4989); Tirmizi, Birr 46, (1972).*

Ebi'l-Cevzai rahimehullah anlatıyor: Hasan İbnu Ali (r.a.)'a: "Resulullah (s.a.v.)'den ne ezberledin?" diye sordum. Şu cevabı verdi:

"Sana şüphe veren şeyi terk et, emin olduğun şeye ulaşıncaya kadar git. Zira sıdk (doğruluk) kalbin itminanıdır, yalan şüphedir." *Tirmizi, Kıyamet 61, (2520); Nesai, Eşribe 50, (8, 327, 328)*

### Allah Küçük İyilikleri Nasıl Büyütür?

Ebu Hüreyre (r.a.) anlatıyor: Resulullah (s.a.v.) buyurdular ki: "Temiz şeylerinden kim ne tasadduk ederse -ki Allah sadece temizi kabul eder- Rahman onu sağ eliyle alır -ki O'nun her iki eli de sağdır- bu sadaka bir tek hurma bile olsa, O, Rahman'ın avucunda dağdan daha iri oluncaya kadar büyür, tıpkı sizin bir tayı veya bir boduğu büyütmeniz gibi (O da sadakanızı büyütür)" *(Buhari, Zekat 8; Müslim, Zekat 63, (1014); Muvatta, Sadakat 1, (2, 995); Tirmizi, Zekat 28, (661); Nesai, Zekat 48, (5, 57); İbnu Mace, 28, (1842)*

Resulullah sallallahu aleyhi ve sellem buyurdular ki: "Bir dirhem yüz bin dirhemi geçmiştir." Sahabelerden biri, "Bu nasıl olabilir Ya Resulullah?" dedi. Buyurdu ki: "Bir adamın çok malı vardır. Tutup yüz binini sadaka olarak vermiştir. Bir başkasının da sadece iki dirhemi vardır. Alıp birini sadaka olarak vermiştir." *(Nesai, Zekat 49, (5, 59)*

## *Allah Kullarını Ne Şekilde Mükafatlandırır?*

Ebu Zerr (r.a)'den, Resulullah (s.a.v)'in ashabından birtakım kimseler Peygamber (s.a.v)'e şöyle dediler: "Ey Allah'ın Resulü, servet sahipleri ecirleri alıp gittiler. Bizim kıldığımız gibi namaz kılıyorlar, bizim tuttuğumuz gibi oruç tutuyorlar, üstelik mallarının fazlalıklarından da sadaka veriyorlar?" Resulullah (s.a.v.) şöyle buyurdu:

"Allah sizin için de sadaka olarak birtakım şeyleri takdir etmemiş midir? Şüphesiz, her bir tesbih karşılığında bir sadaka (mükâfatı) vardır, her bir tekbir karşılığında bir sadaka (mükâfatı) vardır, her bir tahmid (elhamdülillah demek) karşılığında bir sadaka (mükâfatı) vardır, her bir tehlil (lâ ilahe illallah demek) karşılığında bir sadaka (ecri) vardır, her bir iyiliği emretmek karşılığında bir sadaka (mükâfatı) vardır, her bir münkerden alıkoymak karşılığında bir sadaka (ecri) vardır.

Hatta sizden herhangi bir kimsenin (eşiyle) cimâ yapmasında da bir sadaka (mükâfatı) vardır."

Ashab: "Ey Allah'ın Resulü, bizden herhangi bir kimse kendi arzusunun gereğini yerine getirdiği halde onun için mükâfat söz konusu olur mu?" deyince, şöyle buyurdu:

- "Bana söyleyiniz, eğer o bu arzusunu haram yoldan karşılayacak olursa onun için vebal söz konusu olur mu? İşte arzusunu helâl yoldan yerine getirdiği takdirde de onun için ecir söz konusu olur."

Ebu Zerr el-Gıfâri (r.a)'den, O Peygamber (s.a.v)'den, Peygamber de Aziz ve Celil olan Rabbinden şöyle buyurduğunu rivayet etti: "Kullarım, gerçekten ben zulmü kendime yasak kıldım. Onu da aranızda haram kıldım. O bakımdan birbirinize zulmetmeyin. Kullarım, hepiniz dalâlettesiniz, kendisine hidâyet verdiğim müstesna. O bakımdan benden hidayet dileyiniz, ben de sizi doğru yola ileteyim. Kullarım, hepiniz açsınız, benim yedirdiklerim müstesna. O bakımdan benden yedirmemi isteyiniz, ben de size yedireyim. Kullarım, hepiniz çıplaksınız, benim giydirdiklerim müstesna. O bakımdan benden giydirmemi isteyiniz, ben de sizi giydireyim. **Kullarım, hepiniz gece gündüz günah işlemektesiniz, ben de bütün günahları bağışlarım. O bakımdan benden mağfiret dileyin, ben de günahlarınızı bağışlayayım.**

Kullarım, sizler asla bana zarar veremezsiniz ki, bana zarar vermeniz söz konusu olabilsin. Asla bana fayda ulaştıramazsınız ki, bana fayda vermeniz söz konusu olsun. Kullarım, ilkinizle sonunuzla, cininizle insanınızla aranızdan en muttaki olan bir kişinin kalbi gibi takva üzere olsanız, bu dahi benim mülküme hiçbir şey ilâve etmez. Kullarım, ilkinizle sonunuzla, insanınızla cininizle aranızdan en günahkâr olan kimsenin kalbi üzere bulunsanız, bu dahi benim mülkümden hiçbir şey eksiltmez. Kullarım, ilkinizle sonunuzla, insanınızla cininizle hep birlikte bir tümsekte toplansanız, hepiniz benden dilekte bulunsanız ben de her insana dileğini verecek olsam, bu benim yanımdaki şeylerden ancak iğnenin denize sokulduğu (ve çıkarıldığı) vakit eksilttiği kadar bir şey eksiltir.

Kullarım ne yaparsanız onlar sizin amellerinizdir. Ben sizin için onları sayıp tespit ediyorum. Sonra da onları size eksiksiz vereceğim. Her kim hayır bulursa, bundan dolayı Allah'a hamdetsin. Her kim bundan başka bir şeyle karşılaşırsa kendisinden başka hiçbir kimseyi kınamasın.

Ebu Hureyre (r.a)'den edilen rivayete göre, Resulullah (s.a.v) buyurdu ki; "**Her kim bir müminin dünya sıkıntılarından bir sıkıntısını giderirse, Allah o kimsenin Kıyamet günü sıkıntılarından bir sıkıntısını giderir. Her kim zorda kalmışa kolaylık sağlarsa, Allah da o kişiye dünyada da âhirette de kolaylık verir. Her kim bir Müslüman'ın kusurunu örterse, Allah da dünyada da âhirette de (onun kusurlarını) örter.** Kul kardeşine yardıma devam ettikçe, Allah da o kula yardıma devam eder. Her kim bir ilim arayarak bir yoldan gidecek olursa, Allah o sayede (ona) Cennet'e giden bir yolu kolaylaştırır. Bir topluluk Allah'ın evlerinden bir evde toplanıp Allah'ın kitabını okur ve kendi aralarında onu tedris edecek olurlarsa, mutlaka üzerlerine sekinet (Allah'ın huzur ve sükûnu) iner. Rahmet onları örter. Melekler etraflarını çevirir, Allah onları kendi nezdindekiler arasında anar. Her kim ameli geciktirecek olursa, nesebi onu ileriye götüremez.

Enes (r.a), Resulullah (s.a.v)'i şöyle buyururken dinledim:

Yüce Allah buyurdu ki: "Ey Âdemoğlu, sen bana dua edip benden umdukça, ben de senin neler yaptığına bakmaksızın sana bağışlarım ve hiç aldırış etmem. Ey Âdemoğlu, eğer günahların göğe kadar yükselecek olsa, sonra benden mağfiret isteyecek olursan, ben de sana günahlarını bağışlarım. Ey Âdemoğlu, eğer sen bana yeryüzü dolusu kadar günahla gelecek olsan, sonra da benim huzuruma bana hiçbir şey ortak koşmamış olarak gelsen, ben de yer dolusu kadar mağfiretle sana gelirim.

## Efendimiz Devamlı Olarak Hangi Duaları Ederdi?

### Kur'an-ı Kerim'den Dua ile İlgili Ayetler

"Ama Rabbiniz buyuruyor ki, bana dua edin, duanızı kabul edeyim..." *(Mü'min: 40/60)*

"Rabbinize alçak gönüllü olarak ve yüreğinizin ta derinliklerinden için için yalvarıp gizlice, sessizce dua edin, doğrusu Allah aşırı gidenleri sevmez." *(A'raf: 7/55)*

"Eğer kullarım sana beni sorarlarsa, şüphesiz ki ben onlara çok yakınım. Dua edenin duasına her zaman karşılık veririm. Öyleyse kullarım da benim davetime uysunlar ve bana inansınlar ki, doğru yolu bulabilsinler!" *(Bakara: 2/186)*

"Peki kimdir, darda kalıp dua ettiğinde dua edenin duasına olumlu cevap veren, üzüntü ve sıkıntıyı gideren ve sizi yeryüzünde, öncekilerin yerine geçirip söz sahibi kılan? Allah'la beraber başka ilah öyle mi? Ne kıt düşünüyorsunuz?" *(Neml: 27/62)*

Efendimizin hayatında duanın ayrı bir anlamı ve önemi vardı. O, devamlı kendisini yaratanla bir olduğunun farkında olarak sürekli Rabbine dua ve niyazda bulunur, etrafındaki insanlarında yaratıcılarına yönelmelerini tavsiye eder ve nasıl dua edeceklerini öğrettirdi. İşte Efendimizin dualarından bazıları:

Nu'mân İbni Beşîr (r.a.)'dan rivayet edildiğine göre Resul-i Ekrem (s.a.v.) şöyle buyurdu: "Dua ibadettir."

Hz. Âişe şöyle dedi: "Resulullah (s.a.v.) özlü duaları sever, özlü olmayan duayı yapmazdı."

Hz. Aişe: Namaz kılıyordum, Resulullah bana; "Dualarını tam ve öz olarak yap!" dedi. Namazı bitirince ben duaların tam ve öz olarak nasıl yapılacağını sordum. Şöyle dedi: "Rabbine şöyle dua et: Ey Allah'ım senden bildiğim ve bilmediğim bütün iyilikleri diliyorum ve senden kulun ve Resulun Muhammed'in istediği bütün iyilikleri de diliyorum."

Hz. Aişe: Ebubekir yanıma girmek için izin istedi fakat ben namaz kılıyordum. Bunun için elimi çırptığım halde o bundan anlamıyordu. Sonra Resulullah geldi, ikisi de kapıda beklediler. Resulullah bana: "Seni sözlerin özünü söylemekten alıkoyan nedir?" diye sordu. Ben: "Sözlerin özü nedir ya Resulallah?" dedim. Resulullah: "Şöyle demendir: Ey Allah'ım, bildiğim ve bilmediğim bu dünyada ve ahirette bütün hayırlı şeyleri senden dilerim. Ey Allah'ım, bildiğim ve bilmediğim bu dünyada ve ahirette bütün kötülüklerden sana sığınırım. Ey Allah'ım, başıma gelenlerin sonunu iyi yap."

Enes (r.a.) şöyle dedi: Resul-i Ekrem (s.a.v.) çoğu zaman şöyle dua ederdi: "Allâhümme âtinâ fi'd-dünyâ hasene ve fi'l-âhireti hasene ve kınâ azâbe'n-nâr: **(Allahım! Bize dünyada da iyilik ver, âhirette de iyilik ver. Bizi cehennem azâbından koru!)**"

Müslim'in rivayetinde şu ilâve vardır: "Enes sadece bir dua okuyacağı zaman bunu okurdu. Birkaç dua okuyacağı zaman onlar arasında bunu da okurdu."

İbni Mes'ûd (r.a.)'dan rivayet edildiğine göre Resul-i Ekrem (s.a.v.) şöyle dua ederdi: "Allâhümme innî es'elüke'l-hüdâ ve't-tükâ ve'l-afâfe ve'l-gınâ: (Allahım! Senden hidâyet, takvâ, iffet ve gönül zenginliği isterim.)"

Târık İbni Eşyem (r.a.) şöyle dedi: Bir kimse Müslüman olduğu zaman Resul-i Ekrem (s.a.v.) ona namaz kılmayı öğretir, sonra da şöyle dua etmesini tavsiye ederdi: "Allâhümmağfirlî verhamnî vehdinî ve âfinî verzuknî: (Allahım, beni bağışla, bana merhamet et, rızânı kazandıracak işler yaptır, bana âfiyet ve hayırlı rızk ver.)"

Yine Müslim'in Târık İbni Eşyem (r.a.)'dan rivayet ettiğine göre, Tarık, Peygamber (s.a.v.)'i dinlerken bir adam gelerek:

- "Yâ Resulallah! Rabbimden bir şey isteyeceğim zaman nasıl dua edeyim?" diye sordu. Resul-i Ekrem de şöyle buyurdu:

- "Allâhümmağfir lî verhamnî ve âfinî verzuknî: **(Allahım, beni bağışla, bana merhamet et, rızânı kazandıracak işler yaptır ve bana hayırlı rızk ver.)** de. Bu sözler senin hem dünya hem de âhiret için istemen gereken şeyleri ihtiva eder."

Abdullah İbni Amr İbni Âs (r.a.)'dan rivayet edildiğine göre Resulullah (s.a.v.) şöyle dua etti: "Allâhümme musarrife'l-kulûb! Sarrif kulûbenâ alâ tâatik: (Ey kalpleri yönlendiren Allah'ım! Kalplerimizi sana itaate yönelt!)"

Ebû Hüreyre (r.a.)'dan rivayet edildiğine göre Resul-i Ekrem (s.a.v.) şöyle buyurdu: "Dayanılamayacak dertten, insanı helâke götürecek tâlihsizlikten, başa gelecek fenalıktan ve düşmanı sevindirecek felâketten Allah'a sığınınız."

Yine Ebû Hüreyre (r.a.)'dan rivayet edildiğine göre Resulullah (s.a.v.) şöyle dua ederdi: "Allâhümme aslih lî dînillezî hüve ısmetü emrî, ve aslih lî dünyâyelletî fîhâ meâşî, ve aslih lî âhiretilletî fîhâ meâdî, vec'ali'l-hayâte ziyâdeten lî fî k..., vec'ali'l-mevte râhaten lî min külli şer: (Allah'ım! Bütün işlerimin başı olan dinim konusunda hataya düşmekten beni koru! Yaşadığım şu dünyadaki işlerimin yolunda gitmesini sağla! Dönüp varacağım âhiretimi kazanmama yardım et! Hayatım boyunca daha çok hayır yapmama imkân ver! Her türlü kötülükten kurtulmamı sağlayacak bir ölüm nasip et!)"

Ali (r.a.) şöyle dedi: Resulullah (s.a.v.) bana: "Allâhümme mehdinî ve seddidnî: (Allahım! Beni doğru yola ilet ve o yolda başarılı kıl!) de." buyurdu.

Başka bir rivayete göre de şöyle buyurdu: "Allâhümme innî es'elüke'l-hüdâ ve's-sedâd: (Allahım! Senden beni doğru yola iletmeni ve o yolda başarılı kılmanı niyâz ederim.)"

Enes (r.a.)'dan rivayet edildiğine göre, Resulullah (s.a.v.) şöyle dua ederdi: "Allâhümme innî eûzü bike mine'l-aczi ve'l-keseli ve'l-cübni ve'l-heremi ve'l-buhl, ve eûzü bike min azâbi'l-kabr, ve eûzü bike min fitneti'l-mahyâ ve'l-memât: (Allahım! Acizlikten, tembellikten, korkaklıktan, ihtiyarlayıp ele avuca düşmekten ve cimrilikten sana sığınırım. Kabir azabından sana sığınırım. Hayat ve ölüm fitnesinden sana sığınırım.)"

Diğer bir rivayete göre, "...ve dalai'd-deyni ve galebeti'r-ricâl: (Borç altında ezilmekten ve zâlimlerin başa geçmesinden.)" buyurdu.

Ebû Bekir es-Sıddîk (r.a.) Resulullah (s.a.v.)'e:

- "Bana bir dua öğret de namazımda okuyayım." dedi. O da şöyle buyurdu:

- "Allâhümme innî zalemtü nefsî zulmen kesîran ve lâ yağfiru'z-zünûbe illâ ente, fağfir-lî mağfireten min indik, ve'rhamnî inneke ente'l-gafûru'r-rahîm: **(Allahım! Ben kendime çok zulmettim. Günahları bağışlayacak ise yalnız sensin. Öyleyse tükenmez lutfunla beni bağışla, bana merhamet et. Çünkü affı sonsuz, merhameti nihayetsiz olan yalnız sensin.)** de."

Ebû Mûsâ el-Eşarî (r.a.)'dan rivayet edildiğine göre Resul-i Ekrem (s.a.v.) şöyle dua ederdi: "Allâhümmağfirlî hatîetî ve cehlî ve isrâfî fî emrî ve mâ ente a'lemü bihî minnî. Allâhümmağfirlî ciddî ve hezlî, ve hataî ve amdî ve küllü zâlike indî. Allâhümmağfirlî mâ kaddemtü vemâ ahhartü, vemâ esrartü vemâ a'lentü, vemâ ente a'lemü bihî minnî, ente'l-mukaddimü ve ente'l-muahhir, ve ente alâ külli şey'in kadîr:

(Allah'ım! Günahlarımı, bilgisizlik yüzünden yaptıklarımı, haddimi aşarak işlediğim kusurlarımı, benden daha iyi bildiğin bütün suçlarımı bağışla! Allah'ım! Ciddî ve şaka yollu yaptıklarımı, yanlışlıkla ve bilerek işlediğim günahlarımı affeyle! Bütün bu kusurların bende bulunduğunu itiraf ederim. Allah'ım! Şimdiye kadar yaptığım, bundan sonra yapacağım, gizlediğim ve açığa vurduğum, ölçüsüz bir şekilde işlediğim ve benden daha iyi bildiğin günahlarımı affeyle! Öne geçiren de sen, geride bırakan da sensin. Senin gücün her şeye yeter.)"

Âişe (r.a.)'dan rivayet edildiğine göre Resul-i Ekrem (s.a.v.) şöyle dua ederdi: "Allâhümme innî eûzü bike min şerri mâ amiltü ve min şerri mâ lem a'mel: (Allah'ım! Şimdiye kadar yaptığım, bundan sonra yapacağım işlerin şerrinden sana sığınırım.)"

İbni Ömer (r.a.) şöyle dedi:

- Resulullah (s.a.v.)'in dualarından biri şu idi: "Allâhümme innî eûzü bike min zevâli ni'metike ve tehavvüli âfiyetike ve fücâeti nıkmetike ve cemîi sahatik: **(Allahım! Verdiğin nimetin yok olup gitmesinden, lutfettiğin âfiyetin bozulmasından, ansızın vereceğin cezâdan ve senin gazabını üzerime çekecek her şeyden sana sığınırım.)**"

Zeyd İbni Erkam'dan rivayet edildiğine göre Resulullah (s.a.v.) şöyle dua ederdi: "Allâhümme innî eûzü bike mine'l-aczi ve'l-keseli ve'l-buhli ve'l-haremi ve azâbi'l-kabr. Allâhümme âti nefsî takvâhâ, ve zekkihâ ente hayrü men zekkâhâ, ente veliyyühâ ve mevlâhâ. Allâhümme innî eûzü bike min ilmin lâ yenfa' ve min kalbin lâ yahşa' ve min nefsin lâ teşba' ve min da'vetin lâ yüstecâbü lehâ: (Allah'ım! Acizlikten, tembellikten, cimrilikten, ihtiyarlayıp ele avuca düşmekten ve kabir azabından sana sığınırım. Allah'ım! Nefsime takva nasip et ve onu her türlü günahtan temizle; onu en iyi temizleyecek sensin. Ona yardım edip eğitecek sadece sensin. Allah'ım! Faydasız ilimden, ürpermeyen gönülden, doyma bilmeyen nefisten ve kabul olunmayan duadan sana sığınırım."

### Yoksulu Giydirene Allah Ne Mükafat Verir?

İbnu Abbas (r.a.)'ın anlattığına göre, kendisine bir dilenci gelmiş, o da dilenciye sormuştur:

- "Allah'tan başka ilah olmadığına ve Muhammed (s.a.v.)'in O'nun elçisi olduğuna şehadet ediyor musun?" Adam,

- "Evet!" deyince tekrar sormuştur:

- "Oruç tutuyor musun?" Adam tekrar,

- "Evet!" demiştir.

Bunun üzerine İbnu Abbas:

- "Sen istedin. İsteyenin bir hakkı vardır. Bizim de isteyene vermek, üzerimize vazifedir." der ve ona bir elbise verir. Sonra ilaveten der ki: "Resulullah (s.a.v.)'i işittim şöyle demişti: Bir Müslümana elbise giydiren her Müslüman mutlaka Allah'ın hıfzı altındadır, ta o giydirdiğinden bir parça onun üzerinde bulundukça." *(Tirmizi, Kıyamet 42, (2485).*

---

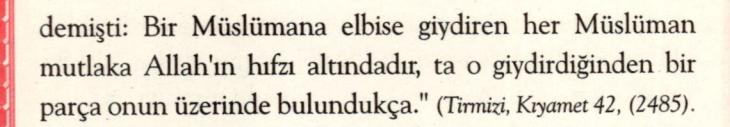

## İnsanı Kötü Ölümden Uzaklaştıran Nedir?

Ebu Hüreyre (r.a.) anlatıyor: Resulullah (s.a.v.) buyurdular ki: **"Sadaka Rabbin öfkesini söndürür ve kötü ölümü bertaraf eder."** *(Tirmizi, Zekat 28, (664).*

---

## Efendimiz, Hz. Ali ve Hz. Fatıma'ya Dünya ve Ahiret Saadeti İçin Neyi Tavsiye Etmişti?

Hz. Ali, bir gün, Hz. Fâtıma'ya:

- "Vallahi, değirmen taşı bilemekten göğsüm rahatsızlaştı, ağrır oldu. Yüce Allah babana esir göndermiştir. Gitsen de, esirin bana yardım etmesini babandan istesen!" dedi.

Hz. Fâtıma:

- "Vallahi, benim de un öğütmekten ellerim kabardı." dedi ve kalkıp Peygamberimiz (s.a.v.)'ın yanına gitti. Peygamberimiz (s.a.v.), Hz. Fâtıma'ya:

- "Ey kızcağızım! Ne için geldin?" diye sordu.

Hz. Fâtıma:

- "Sana selam vereyim diye geldim!" dedi, isteğini dile getirmekten utanıp geri döndü.

Hz. Ali, ona:

- "Ne yaptın?" diye sordu.

Hz. Fâtıma:

- "İsteğimi dile getirmekten utandım." dedi.

Bunun üzerine, Peygamberimiz (s.a.v.)'ın yanına ikisi birlikte gittiler.

Hz. Ali:

- "Vallahi yâ Resulallah! Değirmen taşı bilemekten göğsüm rahatsızlaştı, ağrır oldu." dedi.

Hz. Fâtıma da:

- "Un öğütmekten ellerim kabardı. Allah'ın sana gönderdiği esiri bize hizmet ettirsen de, biraz ferahlasak, güçlensek!" dedi.

Peygamberimiz (s.a.v.):

- "Vallahi, onu size hizmet ettirmek için veremem! Ben daha Ehl-i Suffa'yı (yardıma muhtaç fakir öğrencilerin okulu) çağırıp da karınlarına sokacak, kendilerini giyindirecek bir şey bulamadım. Ben onu satıp Ehl-i Suffa'yı geçindireceğim!" buyurdu.

Hz. Fâtıma ve Hz. Ali, evlerine döndüler. Peygamberimiz (s.a.v.), onların yanlarına vardı ve;

- "Ben size benden istediğiniz şeyden daha hayırlısını haber vereyim mi?" diye sordu.

- "Olur! Haber ver!" dediler. Peygamberimiz (s.a.v.):

- "**Döşeğinize gireceğiniz zaman 33 defa 'Sübhânallah' diyerek tesbih ediniz. 33 defa 'Elhamdülillah' diyerek Allah'a hamd ediniz. 33 defa da 'Allahuekber! diyerek Allah'ı tekbir ediniz.** Ey Fâtıma! Allah'tan kork!

Rabbinin emrini yerine getir! Kocanın hizmetini de gör!" buyurdu. Bunun üzerine, Hz. Fâtıma:

- "Ben Allah'tan ve Allah'ın Resulünden razıyım!" dedi ve bunu iki kere tekrarladı.

### Aile İçin Para Harcandığında da Sevap Kazanılır mı?

Ebu Hureyre (r.a.) anlatıyor: Resulullah (s.a.v.) buyurdular ki: "Bir dinar var Allah yolunda harcadın, bir dinar var köle azad etmede harcadın, bir dinar var fakirler için tasadduk ettin, yine bir dinar var onu da ailen için harcadın. İşte (hep hayırda harcanan) bu dinarların sana en çok sevap getirecek olanı, ehlin için harcadığındır." (Müslim, Zekat 39, (995))

Ebu Mes'ud el-Bedri (r.a.) anlatıyor: Resulullah (s.a.v.) buyurdular ki: **"Müslüman kişi, ailesinin nafakası için harcar ve bundan sevap umarsa bu ona sadaka olur."** Buhari, Nafakat 1, İman 41; Müslim, Zekat 48, (1002); Nesai, Zekat 60, (5, 69); Tirmizi, Birr 42

### İnsanı Cehennem Ateşinden Kurtaran Amel Hangisidir?

Adiyy İbnu Hatim (r.a.) anlatıyor: Resulullah (s.a.v.): "Yarım hurma ile de olsa kendinizi ateşten koruyun." buyurdu.

## Hangi Sadaka Daha Üstündür?

Ebu Hüreyre (r.a.) anlatıyor: Bir gün;

- "Ey Allah'ın Resûlü!" dendi, "Hangi sadaka daha üstündür?"

- "Fakirin cömertliğidir. Sen bakımıyla mükellef olduklarından başla." *(Ebu Dâvud, Zekât 40, (1677)*

Ebu Hüreyre (r.a.) anlatıyor: Resulullah (s.a.v.) buyurdular ki:

- "Mal sadaka ile eksilmez."

- "Allah affı sebebiye kulun izzetini artırır."

- **"Allah için mütevazı olan bir kimseyi Allah yüceltir."**
*(Müslim, Birr, 69 (2588); Tirmizi, Birr 82, (2030); Muvatta, Sadaka 12, (2, 1000)*

## Sadaka Verirken Verdiğimiz Malın Özellikleri Nasıl Olmalıdır?

Avf İbnu Malik (r.a.) anlatıyor: "Resulullah (s.a.v.), birgün elinde asası olduğu halde çıktı. Adamın biri çürüklü bir hurma salkımı asmış idi. Aleyhissalatu vesselam salkıma değneğini dürtüyor ve:

- "Bu sadakanın sâhibi, keşke bundan daha iyisini tasadduk etmek isteseydi. Bu sadakanın sahibi, Kıyamet günü çürük hurma yiyecek." diyordu. *(Ebu Dâvud, Zekât 16 (1608); Nesâi, Zekât 27, (5, 43, 44)*

## *Dinimizde Hayra Vesile Olmanın Önemi Nedir?*

Cabir (r.a.) anlatıyor: Resulullah (s.a.v.)'e üstü başı yok, ayakları çıplak, sadece kaplan postu gibi çizgili bedevi peştamalı -veya abalarına- sarınmış, kılıçları boyunlarında asılı oldukları halde hepsi de Mudarlı olan bir grup geldi. Onların bu fakir ve sefil halini görmekten Resulullah (s.a.v.)'in yüzü değişti. Odasına girdi tekrar geri geldi. Hz. Bilâl'e ezan okumasını söyledi. O da ezan okudu, sonra kamet getirdi. Namaz kılındı. Aleyhissalatu vesselam namazdan sonra cemaate hitabetti ve:

- "Ey insanlar! Sizi tek bir nefisten yaratıp ondan zevcesini halk eden ve ikisinden de pek çok erkek ve kadın var eden Rabbinizden korkun. Kendisi adına birbirinizden dilekte bulunduğunuz Allah'ın ve akrabanın haklarına riayetsizlikten de sakının. Allah şüphesiz hepinizi görüp gözetmektedir." *(Nisâ 1)* ayetini okudu. Bundan sonra Haşir suresindeki şu âyeti okudu:

- "Ey insanlar, Allah'tan korkun. Herkes yarına ne hazırladığına baksın. Allah'tan korkun, çünkü Allah işlediklerinizden haberdardır." *(Haşr 18)*.

Resulullah sözüne devamla; "Kişi dinarından, dirheminden, giyeceğinden, bir avuç buğdayından, bir avuç hurmasından tasaddukta bulunsun. Hiçbir şeyi olmayan, yarım hurma da olsa mutlaka bir bağışta bulunmaya gayret etsin." buyurdu. Derken Ensâr'dan bir zât, nerdeyse taşıyamayacağı kadar ağır bir bohça ile geldi. Sonra halk sökün ediverdi (herkes bir şey getirmeye başladı). Öyle ki, az sonra biri yiyecek, diğeri giyecek maddesinden müteşekkil iki yığının meydana geldiğini gördüm. Resulullah (s.a.v.) memnun kalmıştı, yüzünün yaldızlanmış gibi parladığını gördüm. Şöyle buyurdular:

- "İslam'da kim bir hayırlı yol açarsa, ona bu hayrın ecri ile, kendisinden sonra o hayrı işleyenlerin ecrinin bir misli verilir. Bu, onların ecrinden hiçbir şey eksiltmez de. Kim de İslâm'da kötü bir yol açarsa, ona bunun günahı ile kendinden sonra onu işleyenlerin günahı da verilir. Bu da onların günahından hiçbir eksilmeye sebep olmaz." (Müslim, Zekât 69, (1017); Nesâi, Zekât 64, (5, 75 - 76)

### İyilik Yaparken Kimlere Öncelik Verilmelidir?

Ebu Hüreyre (r.a.) anlatıyor: Resulullah (s.a.v.) bir gün sadaka (nafaka) vermeyi emretmişti. Bir adam:

- "Ey Allah'ın Resulü," dedi "Yanımda bir dinarım var!"

- "Onu kendine tasadduk et! (Kendi nafakan için harca)" buyurdu. Adam:

- "Yanımda bir dinar daha varsa?" dedi. Aleyhissalatu vesselam:

- "Onu da çocuklarına tasadduk et." buyurdular. Adam tekrar:

- "Bir başka dinarım daha varsa?" deyince:

- "Onu da zevcene tasadduk et." emrettiler. Adam bu sefer:

- "Başka bir dinarım daha varsa?" dedi. Aleyhissalatu vesselam:

- "Onu da hizmetçine tasadduk et!" deyince, adam tekrar atıldı:

- "Bir başka dinarım daha var(sa)?" Aleyhissalatu Vesselam:

- "Onun nereye verileceğini sen daha iyi bilirsin." cevabını verdi." (Ebu Dâvud, Zekât 45, (1691); Nesâi, Zekât 54, (5, 62).

## Efendimizin Komşu Hakları Konusundaki Tavsiyeleri Nelerdir?

Âişe (r.a) anlatıyor: Resulullah (s.a.v.) buyurdular ki: "Hz. Cebrâil (s.a.v.) bana komşu hakkında o kadar aralıksız tavsiyede bulundu ki, komşuyu vâris kılacağını zannettim."

Ebû Hüreyre (r.a.) anlatıyor: Resulullah (s.a.v.) buyurdular ki: "Komşusu, zararlarından emin olmayan kimse cennete giremez."

Yine Ebû Hüreyre (r.a.) anlatıyor: Resulullah (s.a.v.) buyurdular ki: **"Kim Allah'a ve âhirete inanıyorsa misafirine ikrâm etsin. Kim Allah'a ve âhirete inanıyorsa komşusuna ihsanda (iyilikte) bulunsun. Kim Allah'a ve âhirete inanıyorsa hayır söylesin veya sükût etsin."**

Âişe (r.a.) anlatıyor: (Bir gün),

- "Ey Allah'ın Resulü!" dedim, "İki komşum var, hangisine öncelikle hediyede bulunayım?"

- "Sana kapı itibarıyla hangisi yakınsa ona!" cevabını verdi."

## *Küs Durmanın Sakıncaları Nelerdir?*

Ebû Eyyûb (r.a.) anlatıyor: Resulullah (s.a.v.) buyurdular ki: "Bir müslümana, kardeşine üç günden fazla küsmesi helâl değildir. Yani, bunlar karşılaşırlar da her biri diğerinden yüz çevirir. Bu ikisinden hayırlı olanı, birinci olarak selam verendir."

Ebû Hüreyre (r.a.) anlatıyor: Resulullah (s.à.v.) buyurdular ki: "Bir mü'minin diğer bir mü'mine üç günden fazla küsmesi helâl olmaz. Üzerinden üç gün geçince, ona kavuşup selâm versin. Eğer o selama mukabele ederse ecirde her ikisi de ortaktır. Mukabele etmezse günah onda kalmıştır."

Bir diğer rivâyette şöyle buyrulmuştur: "Kim üç günden fazla küs kalır ve ölürse cehenneme girer."

Ebû Hırâş es-Sülemî (r.a.) anlatıyor: Resulullah (s.a.v.) buyurdular ki: "Kim kardeşine bir yıl küserse, bu tıpkı kanını dökmek gibidir."

Ebû Hüreyre (r.a.) anlatıyor: Resulullah (s.a.v.) buyurdular ki: **"Ameller her perşembe ve pazartesi günü arzedilir. Aziz ve Celîl olan Allah o gün, Allah'a hiçbir şirk koşmayan kulun günahını affeder. Bundan sadece kardeşiyle arasında düşmanlık olanı istisna eder, (onu affetmez) ve 'Bu ikisini barışıncaya kadar terk edin.'** der."

### En Makbul Sabır Hangisidir?

Enes (r.a.) anlatıyor: Resulullah (s.a.v.), ölen çocuğu için ağlamakta olan bir kadına rastlamıştı.

- "Allah'tan kork ve sabret!" buyurdu. Kadın ızdırabından kendisine hitab edenin kim olduğuna bile bakmadan:

- "Benim başıma gelenden sana ne?" dedi. Resulullah (s.a.v.) uzaklaşınca, kadına;

- "Bu Resulullah idi!" dendi.

Bunun üzerine, kadın çocuğun ölümü kadar da söylediği sözden dolayı utanıp üzüldü. Özür dilemek için doğru Resulullah (s.a.v.)'in kapısına koştu. Ama kapıda bekleyen kapıcılar görmedi, doğrudan huzuruna çıktı ve;

- "Ey Allah'ın Resulü, o yakışıksız sözü sizi tanımadan sarf ettim, bağışlayın!" dedi. Aleyhissalâtu vesselam:

- "**Makbul sabır, musibetle karşılaştığın ilk andakidir.**" buyurdu. (*Buhari; Cenâiz 43; 7, 32, Ahkâm 11; Müslim, Cenâiz 14, (626); Ebu Dâvud, Cenâiz 27, (3124); Tirmizi, Cenâiz 13, (987); Nesâi; Cenâiz 22, (4, 22)*

### Gerçek Pehlivan Kimdir?

İbnu Mesud (r.a.) anlatıyor. Resulullah (s.a.v.) bir gün:

- "Siz aranızda kimi pehlivan addedersiniz?" diye sordu. Ashab (r.a.):

- "Erkeklerin yenmeye muvaffak olamadığı kimseyi!" dediler. Resulullah (s.a.v.):

- "Hayır," dedi, "Gerçek pehlivan, öfkelendiği zaman nefsine hakim olabilen kimsedir." *(Müslim, Birr 106, (2608); Ebu Davud, Edeb 3, (4779).*

Ebu Hüreyre (r.a.) anlatıyor: Resulullah (s.a.v.) buyurdular ki: **"Kuvvetli kimse, (güneşte hasmını yenen) pehlivan değildir. Hakiki kuvvetli, öfkelendiği zaman nefsini yenen kimsedir."** *Buhari, Edeb 76, Müslim, Birr 107, (2760); Muvatta, Hüsnü'l-Halk 12, (2, 906).*

## İnsan Sinirlenince veya Öfkelenince Ne Yapmalı?

Ebu Vail (r.a.) anlatıyor: "Urve İbnu Muhammed es-Sa'di'nin yanına girdik. Bir zat kendisine konuştu ve Urve'yi kızdırdı. Urve kalkıp abdest aldı ve;

- "Babam, dedem Atiyye (r.a.)'tan anlattı ki O, Resulullah (s.a.v.)'ın şöyle söylediğini nakletmiştir: Öfke şeytandandır, şeytan da ateşten yaratılmıştır, ateş ise su ile söndürülmektedir; öyleyse biriniz öfkelenince hemen kalkıp abdest alsın." *(Ebu Davud, Edeb)*

Ebu Zerr el-Gıfari (r.a.) anlatıyor: Resulullah (s.a.v.) bize buyurmuştu ki: "Biriniz ayakta iken öfkelenirse hemen otursun. Öfkesi geçerse ne ala geçmezse yatsın." *(Ebu Davud, Edeb)*

Mu'az İbnu Cebel (r.a.) anlatıyor. "İki kişi Resulullah (s.a.v.)'in huzurunda küfürleştiler. (Öyle ki) birinin yüzünde (diğerine karşı) öfkesi gözüküyordu. Resulullah (s.a.v.): Ben bir kelime biliyorum, eğer onu söyleyecek olsa, kendinde zuhur eden öfke giderdi: Eûzu billahi mineşşeytanirracim, buyurdular." *(Tirmizi, Da'avat 53, (3448); Ebu Davud, Edebb 4)*

Sehl İbnu Muaz İbni Enes el-Cüheni, babası (r.a.)'tan naklediyor:

Resulullah (s.a.v.) buyurdular ki:

- "Öfkesinin gereğini yerine getirebilecek güçte olduğu halde öfkesini tutan kimseyi, Allah Teâla Hazretleri, Kıyamet günü, mahlukatın başları üstüne davet eder; tâ ki, (onlardan önce) dilediği huriyi kendine seçsin." *(Tirmizi, Birr 74, (2022); Ebu Davud, Edeb 3)*

## Çocuğu Ölen İnsanın Sabrına Mükafat Nedir?

Ebu Sinân anlatıyor: Oğlum Sinan'ı defnettiğimde kabrin kenarında Ebu Talha el-Havlani oturuyordu. Defin işinden çıkınca bana;

- "Sana müjde vereyim mi?" dedi. Ben:

- "Tabii, söyle!" dedim.

"Ebu Musa el-Eş'ari (r.a.) bana anlattı." diye söze başlayıp Resulullah'ın şu sözlerini nakletti:

- "Bir kulun çocuğu ölürse, Allah meleklere şöyle söyler: 'Kulumun çocuğunu kabzettiniz mi?' 'Evet' derler. 'Yani kalbinin meyvesini elinden mi aldınız?' Melekler yine; 'Evet' derler. Allah tekrar sorar: 'Kulum (bu esnâda) ne dedi?' 'Sana hamdetti ve istircâda bulundu' derler. Bunun üzerine Allah Teâla hazretleri şöyle emreder: Öyleyse, kulum için cennette bir köşk inşa edin ve bunu Beytu'l-hamd (hamd evi) diye isimlendirin." *(Tirmizi; Cenâiz, 36; (1021)*

### Sevdiklerimizi Kaybettiğimizde Göstereceğimiz Sabrın Mükafatı Nedir?

Ebu Hüreyre (r.a.) anlatıyor: Resulullah (s.a.v.) buyurdular ki: Allah Teâla hazretleri şöyle demiştir: **"Ben kimin iki sevdiğini almışsam ve o da sevabını umarak sabretmişse, ona cennet dışında bir mükafaat vermeye razı olmam."** *(Tirmizi, Zühd 58, (2403)*

Kâsım İbnu Muhammed anlatıyor: "Hanımım vefat etmişti. Bana, Muhammed İbnu Ka'b el-Kurazi, baş sağlığı dilemek maksadıyla uğradı. Ve şunu anlattı:

Ben-i İsrail'de fakih, alim, abid, gayretli bir adam vardı. Onun çok sevdiği karısı vefat etmişti. Onun ölümüne adam çok üzüldü, öyle ki, bir odaya çekilip kapıyı arkadan kapattı, yalnızlığa çekildi, kimse yanına giremedi. Onun bu halini, Ben-i İsrail'den bir kadın işitti. Yanına gelip; "Benim onunla bir meselem var, kendisine bizat sormam lazım." dedi. Halk oradan çekildi. Kadın kapıda kalıp;

- "Mutlaka görüşmem lazım." dedi. Birisi adama seslendi:

- "Burada bir kadın var, senden birşeyler sormak istiyor, 'Mutlaka bizzat görüşmem lazım, bizzat sormam lazım.' diyor. Herkes gitti kapıda sadece o kadın var ve ayrılmıyor."

İçerdeki adam:

- "O'na müsaade edin, gelsin." dedi. Kadın yanına girdi.

- "Sana bir şey sormak için geldim." dedi. Adam:

- "Nedir o?" deyince, kadın anlattı:

- "Ben komşumdan emaneten bir gerdanlık almıştım. Onu bir müddet takındım ve emaneten kullandım. Sonra onu benden geri istediler. Bunu onlara geri vereyim mi?"

Adam:

- "Evet, vallahi vermelisin!" dedi.

Kadın:

- "Ama o epey bir zaman benim yanımda kaldı. (Onu çok da sevdim)" dedi.

Adam:

- "Bu hal senin, kolyeyi onlara iâde etmeni daha çok haklı kılıyor, zira onu emanet edeli çok zaman olmuş." demişti (ki, bu cevabı bekleyen kadın) atıldı:

- "Allah iyiliğini versin! Sen Allah'ın sana önce emanet edip, sonra senden geri aldığı şeye mi üzülüyorsun? O, verdiği şeye senden daha çok hak sahibi değil mi?"

Adam bu nasihat üzerine içinde bulunduğu duruma baktı ve kendine geldi. Böylece Allah, kadının sözlerinden adamın istifade etmesini sağladı." *(Muvatta, Cenaiz 43, (1, 237)*

## *Hastalığa Sabretmenin Sevabı Nedir?*

Atâ İbnu Yesâr (r.a.) anlatıyor.

Resulullah (s.a.v.) buyurdular ki: Kul hastalandığı zaman Allah-ü Teâlâ Hazretleri ona iki melek gönderir ve onlara:

- "Gidin bakın, kulum yardımcılarına ne diyor bir dinleyin!" der.

Eğer o kul, melekler geldiği zaman Allah'a hamdediyor ve senalarda bulunuyor ise, onlar bunu, her şeyi en iyi bilmekte olan Allah'a yükseltirler. Allah-ü Teâla Hazretleri, bunun üzerine şöyle buyurur:

- "Kulumun ruhunu kabzedersem; onu cennete koymam kulumun benim üzerimdeki hakkı olmuştur. Şâyet şifâ verirsem, onun etini daha hayırlı bir etle, kanını daha hayırlı bir kanla değiştirmem ve günahlarını da affetmem üzerimde hakkı olmuştur." *(Muvatta, Ayn 5, (2, 940)*

## İnsanlara ve Akrabalara Karşı Merhametli Olmanın Önemi Nedir?

Abdullah İbnu Amr İbni'l-Âs (r.a.) anlatıyor: Resulullah (s.a.v.) buyurdular ki: "**Allah, merhametli olanlara rahmetle muamele eder. Öyleyse, sizler yeryüzündekilere karşı merhametli olun ki, semâda bulunanlar da size rahmet etsinler.** Rahim (akrabalık bağı) Rahmân'dan bir bağdır. Kim bunu korursa Allah onunla (rahmet bağı) kurar, kim de koparırsa, Allah da ondan (rahmet bağını) koparır." *(Tirmizi, Birr 16, (1925); Ebü Dâvud, Edeb 66, (4941)*

## Allah, Merhamet Etmeyene Rahmette Bulunur mu?

Cerir (r.a.) anlatıyor: Resulullah (s.a.v.) buyurdular ki: "Allah, insanlara merhamet etmeyene rahmette bulunmaz." *(Buhâri, Tevhid 2, Edeb 27; Müslim, Fedail 66, (2319); Tirmizi, Birr 16)*

Ebu Dâvud ve Tirmizi'de Ebu Hüreyre (r.a.)'den gelen bir diğer rivâyette Resulullah (s.a.v.) şöyle buyurmuştur: "Merhamet; ancak şaki'nin (ebedi hüsrâna uğrayanın) kalbinden çıkarılabilir." *(Tirmizi, Birr 16, (1924); Ebü Dâvud, Edeb 66*

Ebu Hüreyre (r.a.) anlatıyor: "Resulullah aleyhissalâtü vesselâm bir gün, Hasan İbnu Ali (r.a.)'ı öpmüş idi. Bu sırada yanında bulunan Akra' İbnu Hâbis, bunu tuhaf karşıladı ve 'Benim on tane çocuğum var; fakat onlardan hiçbirini öpmedim.' dedi. Resulullah (s.a.v.) ona bakıp; 'Merhamet etmeyene merhamet edilmez.' buyurdu." *(Buhâri, Edeb 18, Müslim, Fedâil 65, (2318); Tirmizi, Birr 12, (1912); Ebü Dâvud, Edeb 156, (5218)*

Rezin ilâve etti: Resulullah (s.a.v.) şunu da söyledi: "Allah siz(in kalbiniz)den merhameti çıkardı ise ben ne yapabilirim?"

## Allah'ın Kullarına Olan Rahmetinin Ölçüsü Nedir?

Ömer İbnu'l-Hattâb (r.a.) anlatıyor: Resulullah (s.a.v.)'e bir grup esir getirilmişti. İçlerinde bir kadın vardı, göğüsleri sütle dolu idi. Bu kadın sağa sola koşuyor, esirler aranda bir çocuk bulduğu zaman onu yakalayıp kucaklıyor, göğsüne bastırıyor ve emziriyordu. Dikkatleri çeken bu manzara karşısında, (s.a.v.):

- "Bu kadının, çocuğunu ateşe atacağına kanaatiniz olur mu?" dedi. Bizler:

- "Hayır!" diye cevap verince:

- "(Bilin ki), Allah'ın kullarına olan rahmeti, bu kadının çocuğuna olan şefkatinden fazladır." buyurdu. *(Buhâri, Edeb 18; Müslim, Tevbe 22, (2754)*

### *Hayvanlara Karşı Sorumluluklarımız Nelerdir?*

Ebu Hüreyre (r.a.) anlatıyor:

Resulullah (s.a.v.) buyurdular ki: "Bir adam yolda, yürürken susadı ve susuzluğu arttı. Derken bir kuyuya rastladı. İçine inip susuzluğunu giderdi. Çıkınca susuzluktan soluyup toprağı yemekte olan bir köpek gördü. Adam kendi kendine; 'Bu köpek de benim gibi susamış' deyip, tekrar kuyuya inip, mestini su ile doldurup ağzıyla tutarak dışarı çıktı ve köpeği suladı. Allah onun bu davranışından memnun kaldı ve günahlarını affetti."

Resulullah'ın yanındakilerden bazıları:

- "Ey Allah'ın Resulü! Yani bize hayvanlara yaptığımız iyilikler için de ücret mi var?" dediler. Aleyhissalâtu vesselâm:

- "Evet! Her 'yaş ciğer' (sahibi) için bir ücret vardır." buyurdu. (*Buhârî, Şirb 9, Vudü 33, Mezâlim 23, Edeb 27; Müslim, Selâm 153, (2244); Muvatta, Sıfatu'n Nebi 23, (2, 929-930); Ebü Dâvud, Cihâd 47, (2550)*

İbnu Ömer (r.a.) anlatıyor:

Resulullah (s.a.v.) buyurdular ki: **"Bir kadın, eve hapsettiği bir kedi yüzünden cehenneme gitti. Kediyi hapsederek yiyecek vermemiş, yeryüzünün haşerâtından yemeye de salmamıştı."** (*Buhârî, Bed'ü'l-Halk 17, Şirb 9, Enbiya 50; Müslim, Birr 151, (2242)*

Ebu Hüreyre (r.a.) anlatıyor:

Resulullah (s.a.v.) buyurdular ki: "Hayvanlarınızın sırtını minberler yerine koymayın. Şurası muhakkâk ki, tek başınıza güçlükle gidebileceğiniz bir yere sizi götürmeleri için Allah onları sizlere musahhar (hizmetçi) kıldı. Arzı da sizin (durma yeriniz) kıldı, öyleyse ihtiyaçlarınızı (duran hayvanının sırtında değil) arz üzerinde görün." *(Ebu Dâvud, Cihâd 61, (2567)*

Abdurrâhman İbnu Abdullah, babası Abdurrahman (r.a.)'dan rivâyet eder ki şöyle demiştir: "Biz bir seferde Resulullah (s.a.v.) ile beraberdik. Resulullah bir ara bir ihtiyacı için yanımızdan ayrıldı. O sırada hummara denen bir kuş gördük, iki tane de yavrusu vardı. Kuş kaçtı biz de yavrularını aldık. Kuşcağız etrafımıza yaklaşıp çırpınmaya, kanatlarını çırpıp havada inip çıkmaya başladı. Resulullah (s.a.v.) efendimiz gelince;

'Kim bu zavallının yavrusunu alıp onu ızdıraba attı? Yavrusunu geri verin!' diye emretti.

Bir ara, ateşe verdiğimiz bir karınca yuvası gördü.

- "Kim yaktı bunu?" diye sordu.

- "Biz!" dedik.

- "Ateşle azab vermek sadece ateşin Rabbine hastır." buyurdu. *(Ebu Dâvud, Cihâd 122, (2675), Edeb,176, (5268)*

## Hayvanların Birbiriyle Dövüştürülmesi Doğru mudur?

İbnu Abbas (r.a.) anlatıyor: "Resulullah (s.a.v.) (dövüştürmek için) hayvanların arasını kızıştırmayı yasakladı." *Ebu Dâvud, Cihâd 56, (2562); Tirmizî, Cihâd 30*

Yine İbnu Abbâs (r.a.) anlatıyor: Resulullah (s.a.v.) buyurdular ki: "Kendisinde ruh olan hiçbir canlıyı (atışlarınıza) hedef ittihaz etmeyin."

Şerîd İbnu Süveyd (r.a.) anlatıyor:

Resulullah (s.a.v.) şöyle buyurdu: "Kim bir kuşu boş yere sırf eğlence olsun diye öldürürse Kıyamet günü, o kuş, sesini yükselterek Allah'a şöyle seslenir:

- "Ey Rabbim! Falan beni boş yere öldürdü, bir menfaat için öldürmedi." (Nesâî, Dahâya 42, (7, 239)

## En Faziletli ve Akıllı Kimsenin Özellikleri Nelerdir?

İbnu Ömer (r.a.) anlatıyor: "Resulullah (s.a.v.) ile birlikteydim. Ensardan bir zat gelerek Aleyhissalâtu vesselâma selam verdi. Sonra da;

- "Ey Allah'ın Resulü! Mü'minlerin hangisi en faziletlidir?" diye sordu. Aleyhissalâtu vesselâm:

- "Huyca en iyisidir!" buyurdular. Adam:

- "Mü'minlerin hangisi en akıllıdır?" diye sordu. Aleyhissalâtu vesselâm:

- "Ölümü en çok hatırlayandır ve ölümden sonra en iyi hazırlığı yapandır. İşte bunlar en akıllı kimselerdir." buyurdular.

## *Kusur ve Ayıpları Örtmenin Fazileti Nedir?*

Hz. Abdullah İbnu Ömer (r.a) anlatıyor: Bir gün Resulullah (s.a.v.) minbere çıkıp yüksek sesiyle şöyle nidâ etti:

- "Ey diliyle müslüman olup da kalbine iman nüfuz etmemiş olan (münafık)lar! Müslümanlara eza vermeyin, onları kınamayın, kusurlarını araştırmayın. Zira kim müslüman kardeşinin kusurunu araştırırsa, Allah da kendisinin kusurlarını araştırır. Allah kimin kusurunu araştırırsa, onu, evinin içinde (insanlardan gizli) bile olsa rüsvay eder."

Ukbe İbnu Âmir (r.a.) anlatıyor:

Resulullah (s.a.v.) buyurdular ki: "Kim bir ayıp görür ve onu örterse, diri diri gömülmüş bir kızı ihya etmiş gibi olur."

Ebû Hüreyre (r.a.) anlatıyor: "Resulullah (s.a.v.) buyurdular ki: "Bir kul dünyada bir kulu örterse, Allah Kıyamet günü onu mutlaka örter."

## *Arkadaş Seçiminde Dikkat Edilecek Hususlar Nelerdir?*

Ebû Hüreyre (r.a.) anlatıyor:

Resulullah (s.a.v.) buyurdular ki: **"Kişi dostunun dini üzeredir. Öyleyse her biriniz, kiminle dostluk kuracağına dikkat etsin."**

Ebu Musa (r.a.) anlatıyor:

Resulullah (s.a.v.) buyurdular ki: "**İyi arkadaşla kötü arkadaşın misali, misk taşıyanla körük çeken insanlar gibidir. Misk sahibi ya sana kokusundan verir veya sen ondan satın alırsın. Körük çekene gelince ya elbiseni yakar yahut da sen onun pis kokusunu alırsın.**" (*Buhari, Büyü 38; Zebaih 31; Müslim, Birr 146, (2628)*)

## Farz İbadetler Kadar Sevap Kazandıran Amel Hangisidir?

Ebû'd-Derda (r.a.) anlatıyor:

Resulullah (s.a.v.) buyurdular ki: "Size oruç, namaz ve sadakanın derecesinden daha üstün olan şeyi haber vermeyeyim mi?"

- "Evet Ey Allah'ın Resulü, söyleyin!" dediler.

- "İnsanların arasını düzeltmektir. Çünkü insanların arasındaki bozukluk dini kazır."

## İnsanların En Cimrisi Kimdir?

Ebu Zer anlatıyor: Mescide girdiğimde Resulullah'ın yalnız başına oturduğunu gördüm, kalktım ve beni görmeden ona bakmaya başladım. Kendi kendime, Resulullah'ın hiç böyle tek başına kalmadığını, ya bir ihtiyacı olduğunu ya da vahiyden dolayı yalnız kaldığını düşündüm.

Sonra onun yanına gelip nasihat talebinde bulunmayı istedim. Fakat yanına gidip gitmemekte tereddüt ettim.

Sonunda yanına geldim, selam verip oturdum. Uzun bir süre oturduğum halde o bana dönüp bakmadı ve konuşmadı ben kendi kendime herhalde Resulullah benim gelip oturmamı hoş görmedi dedim. Resulullah bana döndü ve:

- "Ey Ebu Zer!" dedi. Ben:
- "Buyur ya Resulallah!" dedim. Resulullah:
- "Namaz kıldın mı (nafile namaz)?" dedi. Ben:
- "Hayır!" dedim. Resulullah:
- "Kalk ve namaz kıl." dedi.

Ben de kalktım ve Allah'ın dilediği kadar namaz kıldım sonra tekrar dönüp oturdum. Uzun süre geçtiği halde Resulullah yine benimle konuşmadı ben yine kendi kendime herhalde Resulullah benim burada oturmamı hoş görmedi dedim. Sonra bana dönerek:

- "Ey Ebu Zer insanların ve cinlerin şeytanlarının şerrinden Allah'a sığın!" dedi. Ben:

- "Annem babam sana feda olsun ya Resulallah insanların da şeytanları olur mu?" dedim. Resulullah (s.a.v.):

- "Allah Teala Kur'an'da, 'İnsan ve cinlerin şeytanları birbirlerine vahyeder, fısıldarlar.' diye buyurmuyor mu?" Ey Ebu Zer sana cennetin hazinelerinden bir hazine olan bir kelime öğreteyim mi?" dedi. Ben:

- "Annem babam sana feda olsun ya Resulallah!" dedim. Resulullah (s.a.v.):

- "La havle vela kuvvete illa billâh. **'Allah'tan başka hiçbir güç ve kuvvet yoktur.'** sözüdür" dedi.

Sonra aradan uzun bir zaman geçti ve konuşmadım. Ben tekrar söze başlamak istedim ve:

- "Ya Resulallah bana namaz kılmamı emrettin. Bu ne demektir?" dedim. Resulullah (s.a.v.):

- "Bu büyük bir hayırdır, dileyen az kılar dileyen çok kılar." dedi. Ben:

- "Ya Resulallah oruç nedir?" diye sordum. Resulullah (s.a.v):

- "Allah'ın bol mükâfat verdiği bir farzdır." dedi. Ben:

- "Ya Resulallah sadaka nedir?" diye sordum. Resulullah (s.a.v):

- "Allah Teala onun ecrini kat kat verir ve Allah katında daha da fazlası vardır." dedi. Ben:

- "Ya Resulallah amellerin en faziletlisi hangisidir?" diye sordum. Resulullah (s.a.v.):

- "Allah'a iman ve onun yolunda cihattır" dedi. Ben:

- "Ya Resulallah şehitlerin en üstünü ve faziletlisi hangisidir?" diye sordum. Resulullah (s.a.v.):

- "Allah yolunda kanı akıtılıp, atı boğazlananndır." dedi. Ben:

- "Ya Resulallah kölelerin en üstünü hangisidir?" diye sordum. Resulullah (s.a.v.):

- "Fiyatı pahalı olan ve ehli katında değerli olan köledir." dedi. Ben:

- "Ya Resulallah sadakanın en faziletlisi hangisidir?" diye sordum. Resulullah (s.a.v.):

- "Yorucu gayret ve fakire gizli olarak verilendir." dedi. Ben:

- "Ya Resulallah sadaka verecek birşey bulamazsam!" dedim. Resulullah (s.a.v.):

- "Çalışana yardım edersin." dedi. Ben:

- "Ya Resulallah buna da gücüm yetmezse!" dedim. Resulullah (s.a.v.), diline işaret ederek:

- "Bunu insanlara eziyet vermekten alıkoymandır. Çünkü bu güzel bir sadakadır. İnsan onunla kendi nefsine tasadduk eder." dedi. Ben:

- "Ya Resulallah sana indirilenler arasında en büyük ayet hangisidir?" diye sordum. Resulullah (s.a.v.):

- "Ayete'l Kürsi'dir" dedi ve "Göklerin ve yerin kürsiye göre büyüklüğü ne kadardır biliyor musun?" diye sordu. Ben:

- "Hayır ya Resulallah Allah'ın sana öğrettiğinden bana da öğret" dedim. Resulullah (s.a.v.):

- "Göklerin ve yerin kürsiye göre büyüklüğü çöle atılmış bir halka gibidir. İşte kürsünün göklere ve yere olan üstünlüğü çölün o halkaya olan üstünlüğü kadardır." dedi. Ben:

- "Ya Resulallah nebilerin sayısı ne kadardır?" diye sordum. Resulullah (s.a.v.):

- "Yüzyirmidörtbin nebidir." dedi. Ben:

- "Ya Resulallah hepsi peygamber miydi?" diye sordum. Resulullah (s.a.v.):

- "Hayır onlardan peygamber olanlar yüz on dört kişiydi." dedi. Ben:

- "Ya Resulallah ilk peygamber olan kimdir?" dedim. Resulullah (s.a.v.):

- "İlk peygamber olanı Âdem'dir. Allah Teala onu topraktan yaratıp sonrada kendi ruhundan ona üflemiş ve onunla konuşmuştur."

Sonra insanlar Resulullah'ın (s.a.v.) etrafına çoğaldı ve Resulullah şöyle dedi:

- "İnsanların en cimrisini size haber vereyim mi?" Ben:

- "Evet ya Resulallah!" dedim. Resulullah (s.a.v.):

- "Yanında zikredildiğim halde bana salatu selam getirmeyendir." dedi.

Allah Tealanın selamı Efendimizin üzerine olsun!..

## Ölüm Herhangi Bir Sebeple Temenni Edilebilir mi?

Hz. Enes (r.a.) anlatıyor:

Resulullah (s.a.v.) şöyle buyurdular: **Sizden hiç kimse, maruz kaldığı bir zarar sebebiyle ölümü temenni etmesin. Mutlaka bunu yapmak mecburiyetini hissederse, bari şöyle söylesin: "Rabbim, hakkımda hayat hayırlı ise yaşat, ölüm hayırlı ise canımı al!"** (*Buharî, Merdâ 19, Da'avat 30; Müslim, Zikr 10, (2680); Tirmizî, Cenâiz 3, (971); Ebu Davud, Cenâiz 13, (3108, 3109); Nesâî, Cenâiz 1, (4, 3)*)

## Kabir Soruları Nelerdir?

Ebu Hureyre (r.a.) anlatıyor:

Resulullah (s.a.v.) buyurdular ki: "Ölü kabre konulur. Salih kişi, kabrinde korkusuz ve endişesiz oturtulur. Sonra kendisine:

- "Hangi dinde idin?" denilir.

- "İslâm dinindeydim." der.

- "Şu adam kimdir?" denilir.

- "O, Allah'ın Resulü Muhammed'dir, bize Allah indinden açık deliller getirdi, biz de onu tasdik ettik." der. Ona:

- "Allah'ı gördün mü?" denilir. O:

- "Allah'ı görmek hiç kimseye mümkün ve muvafık değildir." der.

Bu safhadan sonra cehenneme doğru bir delik açılır. Oraya bakar, ateş alevlerinin birbirini kırıp yok etmeye çalıştığını görür. Kendisine: "Allah'ın seni koruduğu ateşe bak!" denilir.

Sonra ona cennet cihetinden bir delik açılır ve onun güzelliklerine ve içinde bulunan nimetlere bakar. Kendisine: "İşte senin makamın!" denilir ve yine ona: "Sen bunlar hususunda yakîn (kesin iman) sahibi idin. Bu iman üzere öldün, bu iman üzere yeniden diriltileceksin inşaallah!" denilir.

Kötü adam da kabrinde korku ve endişe ile oturtulur. Kendisine:

- "Hangi dinde idin?" diye sorulur.

- "Bilmiyorum." diye cevap verir. Kendisine:

- "Bu adam kimdir?" denilir.

- "Halkı dinledim, bir şeyler söylüyorlardı, onu ben de söyledim." der.

Ona cennet cihetinden bir delik açılır. Cennetin güzelliklerine, içinde bulunan nimetlerine bakar. Ona: "Allah'ın senden uzaklaştırdığı şu cennete bak!" denilir.

Sonra ona cehenneme doğru bir delik açılır. Oraya bakar. Alevlerin birbirini yeyip yok etmekte olduğunu görür. Ona: "İşte makamın burasıdır. Sen cehennemin varlığı hususunda şekk (ve inkâr) içerisinde idin, bu şek üzere öldün ve bu şek üzere diriltileceksin inşaallah!" denilir."

## Kıyamet Ne Zamandır?

Ebu Hüreyre şöyle demiştir: Meclisin birinde Resulullâh (s.a.v.) huzurundakilere söz söylerken bir ara biri gelip "Kıyamet ne zamandır?" diye sordu. Resulullah (s.a.v.) (sözünü kesmeyip) devam buyurdu. Oradakilerin kimi (kendi kendine): "(Arabinin) ne dediğini işitti, amma suâlinden hoşlanmadı." kimi de: "Belki işitmedi." diye hükmetti. Nihâyet Resulullah (s.a.v.) sözünü bitirince,

- "O Kıyameti soran nerede?" diye sual buyurdu. Arabi:
- "İşte ben, ya Resulallah." dedi. Efendimiz:
- "Emanet zayi edildi mi, Kıyamete intizar (gözle) et." buyurdu. Yine Arabi:
- "Emaneti zayi etmek nasıl olur?" diye (tekrar) sorunca, Efendimiz (s.a.v.):
- "İş, na ehle (ehil olmayana) tevcih edildi mi, Kıyamete intizar et." buyurdu. *(Buhari)*

## Kıyamet Günü İlk Hesap Verecek Ümmet Hangisidir?

İbnu Abbas (r.a.) anlatıyor:

Resulullah (s.a.v.) buyurdular ki: "Biz, ümmetlerin sonuncusuyuz ve hesabı ilk görülecek olanlarız. Orada,

'Ümmî ümmet ve peygamberi nerededir?' denilir. Bilesiniz, biz sonuncu olan ilkleriz (yani dünyaya gelişte sonuncuyuz, Kıyamet günü hesabı verip cennete girmede ilkleriz." *(Buhari)*

## Kıyamet Günü Allah'ın Yüzüne Bakmayacağı Kişiler Kimlerdir?

Ebu Hureyre (r.a.) anlatıyor:

Resulullah (s.a.v.) buyurdular: "Üç kişi vardır ki; Allah, Kıyamet gününde onlarla ne konuşur, ne onlara nazar eder, ne de onları günahlarından arındırır, onlara elim bir azab vardır:

- Sahrada, fazla suyu bulunduğu halde ondan yolcuya vermeyen kimse. Kıyamet günü Allah onun karşısına çıkıp 'Bugün ben de senden fazlımı (lütfumu) esirgiyorum, tıpkı senin (dünyada iken) kendi elinin eseri olmayan şeyin fazlasını esirgediğin gibi.' der.

- İkindi vaktinden sonra, bir mal satıp, müşterisine Allah Teâlâ'nın adını zikrederek bunu şu şu fiyatla almıştım diye yalandan yemin ederek, muhatabını inandıran ve bu suretle malını satan kimse.

- Sırf dünyevi bir menfaat için bir imama biat eden kimse; öyle ki, dünyalıktan istediklerini verirse biatında sadıktır, vermezse sadık değildir." *(Buhari, Şirb 2, Hiyel 12; Müslim, İman 173)*

Ebu Zerr (r.a.) anlatıyor:

Resulullah (s.a.v.): "Üç kişi vardır, Kıyamet gününde Allah onlarla ne konuşur, ne nazar eder ne de günahlardan arındırır, onlar için elim bir azap vardır!" buyurdu ve bunu üç kere de tekrar etti. Ben:

- "Ey Allah'ın Resulü! Öyleyse onlar büyük zarara ve hüsrana uğramışlardır. Kimdir bunlar?" dedim. Şöyle saydılar:

- "Elbisesini kibirle, yerlere kadar salıp süründüren, yaptığı iyiliği başa kakan, malını yalan yeminlerle reklam eden kimseler!" *(Müslim, İman 171, (106); Ebu Dâvud, Libas 28)*

Ebu Hureyre (r.a.) anlatıyor:

Resulullah (s.a.v.) buyurdular ki: "Üç kişi vardır, Kıyamet günü Allah Teâla hazretleri onlarla konuşmaz, nazar etmez, günahlardan da arındırmaz, onlara elim bir azap vardır:

- Zina eden yaşlı

- Yalan söyleyen devlet reisi

- Büyüklenen fakir" *(Müslim, İman 172)*

İbnu Ömer (r.a.) anlatıyor:

Resulullah (s.a.v.) buyurdular ki: "Üç kişi vardır, Kıyamet günü Allah onlara nazar etmez: Anne ve babasının hukukuna riayet etmeyen kimse, erkekleşen kadın ve kötü işlerde aracılık yapan kimse." *(Nesâî, Zekat 69)*

## İnsanı Sıkıntılardan ve Borçlardan Kurtaracak Dua Hangisidir?

Efendimiz şöyle buyurmuştur:

"Ey Muaz üzerinde Sabır dağı kadar borç olsa dahi, okuduğun takdirde Allah'ın seni ondan kurtaracağı ve sıkıntılarını bertaraf edeceği sözleri sana öğreteyim mi?

Ey Muaz Allah'a şöyle dua et:

"Ey mülkün sahibi Allah, sen mülkü kime dilersen ona verirsin, mülkü kimden dilersen ondan alırsın. Kimi dilersen onun kadrini yükseltir, kimi dilersen onu alçaltırsın. Hayır yalnız senin elindedir. Şüphesiz sen her şeye hakkıyla kadirsin. Geceyi gündüzün içine koyar, gündüzü de geceye koyarsın. Ölüden diri çıkarır, diriden ölü çıkarırsın. Sen kimi dilersen ona sayısız rızk verirsin. **Ey dünyanın ve ahiretin Rahman'ı! Bu ikisinin Rahim'i!** Dünya ve ahireti dilediğine verir, dilediğine vermezsin. Beni senden başkalarının rahmetinden müstağni kılacak bir rahmet ile bana rahmet eyle."

## *Cebrail (a.s.)'ın Yaptığı, Efendimizin Üç Kez Amin Dediği Dua Hangisidir?*

Enes (r.a) anlatıyor; "Resulullah minberin üzerinde çıkarken birinci kademede, 'Amin!' dedi. Sonra ikinci basamağa çıktı orada da, 'Amin!' dedi. Sonra üçüncü basamağa yükseldi orada da: 'Amin!' dedi. Sonra minberin üzerine oturdu ashabı ona:

- "Ya Resulallah ne için amin dedin?" dediler. Resulullah (s.a.v.):

- "Cebrail (a.s.) yanıma geldi ve şöyle dedi: 'Ana babasına veya birisine yetişip de cennete giremeyen kişinin burnu yerde sürünsün amin de!' dedi ben de amin dedim. Sonra: 'Kim Ramazan'a ulaşır da kendisini affettiremezse o kişinin burnu da yerde sürünsün amin de!' dedi. Ben de amin dedim. Sonra: 'Yanında anıldığın halde sana salavat getirmeyen kimsenin burnu yere sürünsün amin de!' dedi ben de amin dedim."

## Günahkâr Müslümanlar Cehennem'de Ebediyen Kalacaklar mı?

Ebu Saîd-i Hudrî şöyle demiştir:

Nebiyy-i Mükerrem (s.a.v.) buyurdu ki: "Ehl-i Cennet Cennet'e, ehl-i Dûzah Dûzah'a girdikten sonra Allah-ü Teala Azze ve Celle: 'Kimin kalbinde bir hardal tanesi ağırlığınca iman varsa (ateşten) çıkarınız.' diye ferman buyuracaktır.

Bunun üzerine (bu gibiler) simsiyah kesilmiş oldukları halde çıkarılıp Nehr-i hayat (yahut Nehr-i haya) içine atılacaklar ve (orada) sel uğrağında kalan yabani reyhan tohumları nasıl (süratle) biterse öylece biteceklerdir. Görmez misin, bunlar (ne güzel) sapsarı olarak (ve iki tarafına) salınarak sürer?" *(Buhari)*

Enes b. Mâlik şöyle demiştir:

Nebiyy-i Muhterem (s.a.v.) buyurdu ki: "Lâ İlâhe İllallah deyip de kalbinde bir arpa ağırlığınca hayır (yani iman) bulunan kimse Cehennem'den çıkacaktır. Lâ İlâhe İllallah deyip de kalbinde bir buğday ağırlığınca hayır (yani iman) bulunan kimse Cehennem'den çıkacaktır. **Lâ İlâhe İllallah deyip de kalbinde bir zerre ağırlığınca hayır (yani iman) bulunan kimse Cehennem'den çıkacaktır.**

### *Kıyamet Günü Kimler Şefaate Nail Olacak?*

Ebu Hüreyre (r.a.) şöyle demiştir: Bir kere,

- "Yâ Resulâllâh, Kıyâmet gününde senin şefâatine en ziyade kim mazhar olacaktır?" diye sordum. Buyurdu ki:

- "Ya Eba Hüreyre, Kıyamet gününde halk içinde şefaatime en ziyade mazhar olacak kimse; kalbinden (yahut içinden) halis olarak Lâ ilâhe illallah diyendir."

### *Cehennem Ateşi Kime Haram Edilmiştir?*

Enes b. Malik (r.a) şöyle demiştir: Muâz (b. Cebel) (r.a.) deve üstünde Resulullâh (s.a.v.)'in terkisinde idi. Efendimiz (s.a.v.):

- "Ya Muâz!" diye nida buyurdu. (Muâz):

- "Emret yâ Resulallah!" dedi.

Ve bu üç kere vâki oldu. Üçüncüsünde:

- "Hiç kimse yoktur ki, kalbinden tasdik ederek Allah'tan başka İlâh olmadığına ve Muhammed'in Resulullah olduğuna şahadet etsin de, Allâh-ü Teâla Cehennem ateşini ona haram etmesin." buyurdu. (Muâz):

- "Ya Resulallah, bunu halka haber vereyim de sevinsinler mi?" dedi. Efendimiz (s.a.v.):

- "Hayır, söyleme. Çünkü (sonra buna) güvenirler." buyurdu.

Bunu Muâz b. Cebel vefatına yakın, bu hadisin kendisinde kalması korkusuyla günahdan sıyrılmak için haber verdi.

## *Efendimizin Yoksul Tanımı Nedir?*

İslâmiyet; büyük-küçük herkese, Peygamberimiz (s.a.v.)'in Medine'deki mescidinde öğretilmekte idi. Mescide gelen, başka bir şey için değil, ancak hayır için, hayrı öğrenmek veya öğretmek için gelirdi.

Ashab-ı Suffa, Mescidin devamlı, yatılı öğrencileri idiler. Kıble Kabe tarafına çevrilmeden önce, Mescidin kuzey tarafında hurma dallarıyla bir gölgelik yapılmıştı ki, Medine'de kavim ve kabileleri, evleri barkları bulunmayan sahabeler orada otururlardı ve kendilerine Ashab-ı Suffa denirdi. Ashab-ı Suffa'nın sayıları, seksenden fazla idi. İçlerinden evlenen, ölen, sefere çıkan olursa, sayıları azalırdı.

Ashab-ı Suffa geceleri; namaz kılarak, Kur'ân okuyarak ve ders görerek geçirirler. Gündüzleri de; su taşırlar, odun toplayıp satarlar ve onunla yiyecek satın alırlardı.

Ashab-ı Suffa'nın bazen geceleri yetmişinin birden bir öğreticinin başında toplanıp sabaha kadar ders gördükleri olurdu. Ashab-ı Suffaya kurrâ denir, kabilelere gönderilecek Kur'ân ve sünnet öğreticileri de onların arasından seçilip gönderilirdi.

Peygamberimiz (s.a.v.); hurmalık sahiplerine, hurmalarını ağaçlarından topladıkları zaman, her on vesk (yük) hurmadan Ashab-ı Suffa için Mescide bir salkım getirip asmalarını emrederdi. Ashab-ı Suffa; Müslümanların yıldan yıla zekât ve sadakalarını verecekleri gerçek fukara zümresinden idiler. Peygamberimiz (s.a.v.):

- "Kapı kapı dolaşmayı âdet edinip verilen bir-iki lokma veya hurma ile geri dönen, gerçekten yoksul değildir. Gerçek yoksul; zaruretini giderecek malı olmayan, buna rağmen dilenmekten sıkılan ve kendisine sadaka verilmesi için muhtaçlığı bilinmeyen kimsedir." buyurmuşlardır. *(İslam Tarihi, Asım Köksal)*

## *Ticarette Dikkat Edilmesi Gereken Hususlar Nelerdir?*

Ebu Sa'îd el-Hudrî (r.a.) anlatıyor:

Resulullah (s.a.v.) şöyle buyurdu: "Emin ve doğruluktan ayrılmayan ticaret ehli (ayette sırat-ı müstakim ashabı olarak zikredilen) peygamberler, sıddıkler, şehidler ve sâlihlerle beraberdir."

Ebu Hüreyre (r.a.) anlatıyor:

Hz. Peygamber (s.a.v.)'i işittim, diyordu ki: "Ticarette yalan yere yemin, tüccarın zannınca mala rağbeti artırır. Halbuki gerçekte kazancı giderir."

Rifâa b. Râfi de der ki:

Biz, Resulullah (s.a.v.)'le birlikte çıkıp gidiyorduk. Bir de baktık ki, halk sabah erken alışveriş yapıyorlar! Resulullah (s.a.v.) onlara:

- "Ey tacirler topluluğu!" diyerek seslendi.

Onlar boyunlarını uzattılar, gözlerini Resulullah (s.a.v.)'e diktiler. Resulullah (s.a.v.):

- "Şüphe yok ki, tacirler Kıyamet günü fâcirler olarak diriltilirler. Ancak, Allah'tan korkup yeminine bağlı kalan ve sözünde doğru olan bundan müstesnadır." buyurdu.

Ebu Hureyre'nin bildirdiğine göre; Peygamberimiz (s.a.v.) bir ekin yığınının yanına uğrayıp, elini onun içine daldırmıştı. Parmaklarına ıslaklık dokununca:

- "Ey ekin sahibi! Nedir bu?" diye sordu. Ekin sahibi:

- "Ya Resulallah! Ona yağmur değmişti!" dedi. Peygamberimiz (s.a.v.):

- "O ıslak kısmı insanların görmeleri için ne diye ekinin üstüne çıkarmadın? Aldatan kimse benden (bizden) değildir!" buyurdu.

Peygamberimiz (s.a.v.); Çarşı ve pazarda satılacak şeyleri çarşı ve pazara getirilmeden yolda karşılamayı, satın alınan yiyeceği ve herşeyi tamamıyla teslim almadan satmayı, veya yanında bulunmayan bir malı çarşıdan satın alıp müşteriye satmayı, birbirlerinin satışı üzerine satış yapmayı, müşteri kızıştırmayı yasaklamış;

"Satacağı zaman kolaylık gösteren, satın alacağı zaman kolaylık gösteren, hakkını isterken kolaylık gösteren kişiye, kula Allah rahmet etsin!" buyurmuştur.

*(İslam Tarihi, Asım Köksal)*

*Allah, satıştaki müsamahayı, satın alıştaki müsamahayı, ödemedeki müsamahayı sever.*
*(Tirmizi, 1319)*

## *Efendimiz Adaletin Sağlanması Konusunda Neler Tavsiye Etmiştir?*

Kur'ân-ı Kerîm'de açıklandığına göre; Peygamberimiz (s.a.v.) Medine'de Müslümanlar ve Müslüman olmayanlar tarafından kendisine getirilen her çeşit davayı ve anlaşmazlıkları adalet dairesinde halledecekti. Bu husus, mümin, müşrik, yahudi bütün Medineliler için yazılan Medine Yönetmeliği'nde de kabullenilmiş ve açıklanmış bulunuyordu.

Hâkimlik, aslında, şerefli olduğu kadar, ağır sorumluluk da taşıyan bir görevdir. Peygamberimiz (s.a.v.) bu hususta şöyle buyurmuşlardır:

- "Kadılar (hâkimler) üçe ayrılır; Biri Cennette, (Hakkı bilen ve ona göre hüküm veren kişi Cennettedir!) İkisi ateşte (Cehennemde)dir! (Hakkı bilen ve fakat hükmünde zulme, haksızlığa sapan kişi ateşte (Cehennemde)dir! Üçüncüsü, Hakkı bilmediği halde insanlar arasında hüküm veren kişi de ateşte (Cehennemde)dir!"

- "Hâkim adaleti gözettiği müddetçe, hiç şüphesiz Yüce Allah onunla birliktedir. Haksızlığa saptığı zaman, onu nefsiyle başbaşa bırakır!"

- "Hâkim, hüküm verirken, içtihadda da bulunur. İçtihadında isabet ederse, onun için iki ecir vardır. Fakat, hüküm verirken, içtihadda bulunur da yanılırsa, ona bir ecir vardır."

Öfkeli kişinin bir anda adaletten sapacağı ihtimalini göz önünde tutan Efendimiz:

- "Hiç kimse, sinirli olduğu halde, iki kişi arasında hüküm vermesin!"

- "Sizlerden biri Müslümanlar hakkında hüküm vermek durumunda kaldığı zaman, sinirli iken hüküm vermesin! Onlara (davacıya ve dava olunana), bakışta, oturma yerinde ve işaret etmede kendilerine eşit davranılmasını sağlasın."

- "Peygamberimiz (s.a.v.), muhakeme edeceği zaman, davacıyı da, dava olunanı da önünde oturturdu."

Efendimiz (s.a.v.) Hz. Ali'yi Yemen'e kadı olarak gönderirken şu nasihatte bulunmuştur:

- "**Haklarında hüküm vereceğin iki kişiden birisi hakkında, ötekini dinlemedikçe hüküm verme!** Böyle yaparsan, nasıl hüküm vereceğin sence belli olur!" buyurmuştur.

Efendimiz insanların hakları hususunda çok titiz davranır, hüküm verirken ortaya çıkabilecek yanlış bir kararın Allah katında telafisi mümkün olmayan kul hakkına tekabül edeceği endişesini taşırdı. Ve bir gün şu uyarıda bulunmuştur:

- "Ben de, nihayet, bir beşerim. Siz bana davanızı getiriyorsunuz. Olur ki, bazınız hüccetini, delilini bazınızdan daha iyi anlatır da, ben de kendisinden dinlediğime göre hüküm vermiş bulunurum. O halde, ben her kime din kardeşinin hakkından bu suretle bir şey bölmüş olursam, onu hemen alıvermesin bıraksın. Çünkü ben ona bununla ancak ateşten bir parça bölüp vermiş oluyorum demektir!" buyururdu.

Biri Hadramevtten, diğeri Kinde'den iki kişi gelip, Yemen'deki bir yer hakkında Peygamberimiz (s.a.v.)'e başvurdular. Hadramevtli olan:

- "Ya Resulallah! Şu adam ve babası, bana babamdam kalan yerimi gaspetti." dedi. Kindeli olan ise:

- "Ya Resulallah! O yer bana babamdan miras kaldı. Orası benim elimde ekip biçtiğim bir yerimdir. Bunun orada hiçbir hakkı yoktur!" dedi.

Hadramevtli ise, kendilerine ait olan bu yerin dava olunanın babası tarafından gaspedildiğini kendisinin de bildiğini ileri sürdü. Peygamberimiz (s.a.v.):

- "Arazinin sana ait olduğu hakkında bir beyyinen (delilin) var mı?" diye sordu. Hadramevtli:

- "Yoktur!" dedi. Peygamberimiz (s.a.v.):

- "Öyle ise, senin için, onun yemini var!" buyurdu. Hadramevtli:

- "Ya Resulallah! Bu kişi bir fâcirdir, yaptığı yemine aldırış edilmez! Hiçbir şeyin günahından da sakınır değildir!" dedi. Peygamberimiz (s.a.v.):

- "Ondan sana, yapacağı yeminden başka birşey yok!" buyurdu.

Kindeli yemin etmeye hazırlanınca, Peygamberimiz (s.a.v.):

- "Eğer bu adam hakikaten onun malını haksız olarak yemek için yemin ederse, muhakkak, Yüce Allah'ın gazabına uğramış olarak huzura çıkar!" buyurdu. Bunun üzerine, Kindeli:

- "O yer bunundur ve babasınındır." dedi. Peygamberimiz (s.a.v.):

- **"Yalan yere yemin ile Müslüman bir kişinin hakkını alan kimseye, Yüce Allah Cenneti haram, Cehennemi vacip kılar!"** buyurunca;

- "Az birşey olsa da mı ya Resulallah?" dediler. Peygamberimiz (s.a.v.):

- "İrak ağacından bir çubuk da olsa! İrak ağacından birçubuk da olsa! İrak ağacından birçubuk da olsa!" buyurdular. *(Asım Köksal, İslam Tarihi)*

## Yağmurların Kesilme Sebepleri Nelerdir?

Fuhuş yeryüzünde yaygınlaşınca, yer sarsıntıları (depremler) olur. İdareciler halka zulüm ve haksızlık yaptıklarında yağmurlar kesilir. (Kuraklık ve kıtlık başlar) İslam toplumunda yaşayan gayri müslimlere verilen sözler (taahhütler) yerine getirilmediğinde de düşman, Müslümanlara galip gelir. *(Deylemi)*

## Haccın Faziletleri Hakkında Efendimiz Neler Söylemiştir?

Hz. Aişe (r.a.) anlatıyor: "Ey Allah'ın Resulü, Cihâdı amellerin en faziletlisi görüyoruz, biz de cihâd etmiyelim mi?" dedim. Şu cevabı verdi: "Ancak, cihâdın en efdal ve en güzeli Haccı Mebrûrdur. Sonra şehirde kalmaktır."

Hz. Aişe der ki: "Bunu işittikten sonra haccı hiç bırakmadım." *(Buhârî, Hacc 4)*

Sehl İbnu Sa'd (r.a.) anlatıyor:

Resulullah (s.a.v.) buyurdular ki: "Telbiyede bulunan hiç bir Müslüman yoktur ki, onun sağında ve solunda bulunan taş, ağaç, sert toprak onunla birlikte telbiyede bulunmasın, bu iştirak (sağ ve solunu göstererek) şu ve şu istikâmette arzın son hududuna kadar devam eder." *(Tirmizî, Hacc 14, (828)*

İbnu Abbas (r.a.) anlatıyor:

Resulullah (s.a.v.) buyurdular ki: "Haccla umrenin arasını birleştirin. Zîra bunlar günahı, tıpkı körüğün demirdeki pislikleri temizlemesi gibi temizler." *(Nesâî, Menâsik 6, (5, 115); İbnu Mâce, Menâsik 3, (2886)*

İbnu Abbas (r.a.) anlatıyor:

Resulullah (s.a.v.) buyurdular ki: **"Beyt'i (Kâbe-i Muazzama'yı) kim elli defa tavaf ederse, günahlarından çıkar ve tıpkı annesinden doğduğu gündeki gibi olur."** *(Tirmizî, Hacc 41, (866)*

---

*Bir adam gelerek: "Ey Allah'ın Resûlü iyi davranıp hoş sohbette bulunmama en ziyâde kim hak sâhibidir?" diye sordu. Hz. Peygamber (aleyhissalâtu vesselâm): "Annen!" diye cevap verdi. Adam: "Sonra kim?" dedi, Resûlullah (aleyhissalâtu vesselâm) "Annen!" diye cevap verdi. Adam tekrar: "Sonra kim?" dedi Resûlullah (aleyhissalâtu vesselâm) yine: "Annen!" diye cevap verdi. Adam tekrar sordu: "Sonra kim?" Resûlullah (aleyhissalâtu vesselâm) bu dördüncüyü: "Baban!" diye cevapladı."* (Müslim, Edeb 2)

## Efendimizin Veda Hutbesi

Peygamberimiz Hz. Muhammed (s.a.v.) Veda haccında, 9 Zilhicce Cuma günü zevalden sonra Kasvâ adlı devesi üzerinde, Arafat Vadisi'nin ortasında 124 bin Müslümanın şahsında bütün insanlığa şöyle hitabetti.

### Bismillahirrahmanirrahim

"Hamd Allah'a mahsustur. O'na hamdeder, O'ndan yardım isteriz. Allah kime hidayet ederse, artık onu kimse saptıramaz. Sapıklığa düşürdüğünü de kimse hidayete erdiremez. Şehâdet ederim ki; Allah'tan başka ilâh yoktur. Tektir, eşi, ortağı, dengi ve benzeri yoktur. Yine şehâdet ederim ki, Muhammed O'nun kulu ve Resulüdür."

### Ey İnsanlar!

Sözümü iyi dinleyiniz. Bilmiyorum, belki bu seneden sonra sizinle burada ebedî olarak bir daha beraber olamayacağım.

### İnsanlar!

Bu günleriniz nasıl mukaddes bir gün, bu aylarınız nasıl mukaddes bir ay, bu şehriniz Mekke nasıl kutsal bir şehir ise, canlarınız, mallarınız, namus ve şerefiniz de öylece mukaddestir; her türlü tecavüzden masundur.

### Ashâbım!

Yarın Rabbinize kavuşacaksınız. Bugünkü her hâl ve hareketinizden muhakkak sorulacaksınız. Sakın benden sonra eski sapıklıklara dönüp de birbirinizin boynunu vurmayınız. Bu vasiyetimi burada bulunanlar, bulunmayanlara bildirsinler. Olabilir ki, bildirilen kimse, burada bulunup da işitenden daha iyi anlayarak hıfzetmiş olur.

**Ashâbım!**

Kimin yanında bir emanet varsa, onu sahibine versin. Faizin her çeşidi kaldırılmıştır, ayağımın altındadır. Fakat aldığınız borcun aslını ödemek gerekir. Ne zulmediniz, ne de zulme uğrayınız. Allah'ın emriyle bundan böyle faizcilik yasaktır. Cahiliyetten kalma bu çirkin âdetin her türlüsü ayağımın altındadır. İlk kaldırdığım faiz de Abdülmuttalib'in oğlu amcam Abbas'ın faiz alacağıdır.

**Ashâbım!**

Cahiliyet devrinde güdülen kan davaları da tamamen kaldırılmıştır. Kaldırdığım ilk kan davası, Abdülmüttalib'in torunu (amcalarımdan Hâris'in oğlu) Rabîa'nın kan davasıdır.

**Ey Nâs!**

Kadınların haklarını gözetmenizi ve bu konuda Allah'tan korkmanızı tavsiye ederim. Siz, kadınları Allah'ın emaneti olarak aldınız. Onların namus ve ismetlerini Allah adına söz vererek helâl edindiniz. Sizin kadınlar üzerinde hakkınız, onların da sizin üzerinizde hakları vardır. Sizin kadınlar üzerindeki haklarınız, aile namusu ve şerefinizi kimseye çiğnetmemeleridir. Eğer onlar sizden izinsiz razı olmadığınız kimseleri aile yuvanıza alırlarsa, onları hafifçe sakındırabilesiniz. Kadınların sizin üzerinizdeki hakları ise, örfe göre her türlü (meşru ihtiyaçlarını), yiyecek ve giyeceklerini temin etmenizdir.

**Müminler!**

Size iki emanet bırakıyorum. Onlara sımsıkı sarıldıkça yolunuzu hiç şaşırmazsınız. Bu emanetler, Allah'ın kitabı Kur'ân ve O'nun Peygamberinin sünnetidir.

**Ey Nâs!**

Devamlı dönmekte olan zaman, Allah'ın gökleri ve yeri yarattığı günkü duruma dönmüştür. Bir yıl, on iki aydır. Bunlardan dördü Zilkade, Zilhicce, Muharrem ve Recep hürmetli aylardır.

**Ashâbım!**

Bugün şeytan sizin şu topraklarınızda yeniden nüfuz ve saltanatını kurma gücünü ebedî olarak kaybetmiştir. Fakat size yasakladığım bu şeyler dışında, küçük gördüğünüz şeylerde ona uyarsanız, bu da onu sevindirir. Ona cesaret verir. Dininizi korumak için bunlardan da uzak kalınız.

**Müminler!**

Sözümü iyi dinleyin, iyi belleyin. Rabbiniz birdir, babanız birdir. Hepiniz Âdem'densiniz, Âdem de topraktan yaratılmıştır. Hiç kimsenin başkaları üzerinde soy-sop üstünlüğü yoktur. Allah katında üstünlük, ancak takva iledir. Müslüman, Müslümanın kardeşidir. Böylece bütün Müslümanlar kardeştir. Gönül hoşluğu ile kendisi vermedikçe, başkasının hakkına el uzatmak helal değildir.

**Ashabım!**

Nefsinize de zulmetmeyin. Nefsinizin de üzerinizde hakkı vardır. Bu nasihatlerimi burada bulunanlar, bulunmayanlara tebliğ etsinler.

**Ey Nâs!**

Cenâb-ı Hak Kur'an'da her hak sahibine hakkını vermiştir. Mirasçı için ayrıca vasiyet etmeye gerek yoktur. Çocuk kimin döşeğinde doğmuşsa, ona aittir. Zina eden için ise mahrumiyet vardır. Babasından başkasına soy (neseb) iddiasına kalkışan soysuz yahut efendisinden başkasına intisaba yeltenen nankör, Allah'ın gazabına, meleklerin lanetine ve bütün müslümanların ilencine uğrasın. Cenâb-ı Hak böylesi insanların ne tevbelerini ne de adalet ve şahitliklerini kabul eder.

*Ashabım!*

Allah'tan korkun, beş vakit namazınızı kılın, Ramazan orucunuzu tutun, malınızın zekatını verin, âmirlerinize itaat edin. Böylece Rabbinizin Cennet'ine girersiniz.

*Ey Nâs!*

Yarın beni sizden soracaklar, ne dersiniz? Ashâbı kiram:

Allah'ın dinini tebliğ ettin, vazifeni hakkıyla yaptın, bize nasihat ve vasiyette bulundun, diye şehadet ederiz, dediler.

Resulullah (s.a.v.) mübarek şehadet parmağını göğe doğru kaldırdı, cemaat üzerine çevirip indirdikten sonra üç defa:

Şâhid ol Yâ Rab!

Şâhid ol Yâ Rab!

Şâhid ol Yâ Rab! buyurdu.

---

*Kim Allah Teala hazretlerinin rızası için bir derece tevazu izhar eder (alçak gönüllü) olursa, Allah, onu bu sebeple, bir derece yükseltir. Kim de Allah'a bir derece kibirde bulunursa, Allah da onu bu sebeple bir derece alçaltır, böylece onu esfel-i safiline (aşağıların aşağısına) atar.*

(Kütüb-i Sitte, 7235)

## *Efendimizin Vefatı*

Şimdi İslam tarihi açısından bütün Müslümanları derinden sarsan ve kendi canlarından aziz bildikleri yüce Resulün hastalığı ve vefatı sırasında yaşananları Asım Köksal'ın 'İslam Tarihi' adlı eserinden nakil ile o hüzünlü zamana gidelim:

Peygamberimiz (s.a.v.), Nasr Suresinin inişinden beri, ecelinin yaklaştığını öğrenmiş ve: "Ey Allah'ım! Seni tesbih eder (eksik sıfatlardan uzak tutar) ve Sana hamd-ü sena ederim! Ey Allah'ım! Beni yarlığa! Şüphe yok ki, tevbeleri en çok kabul eden ve merhametli olan Sensin Sen!" diyerek Allah'a hamd, tesbih ve istiğfara koyulmuş bulunuyordu.

Hz. Âişe der ki:

Resulullah (s.a.v.) son zamanlarında: "Sübhanallah ve bihamdihi, estağfirullah ve etûbü ileyhi." **(Allah'ı her türlü noksandan uzak tutar, O'na Kendi hamdi ile hamd ederim. Allah'tan bağışlanmamı diler ve O'na tevbe ederim.)** sözünü çoğaltınca:

- "Ya Resulallah! Ben ne diye Sübhanallah ve bihamdihi sözünü çoğalttığını görüyorum? Sen bundan önce hiç böyle yapmazdın." dedim. Resulullah (s.a.v.):

- "Yüce Rabbim bana ümmetimde bir alâmet göreceğimi haber vermişti ki, o alâmeti gördüğüm zaman, kendisine çok çok tesbih ve hamdiyle istiğfarda bulunacaktım. İşte o alâmeti gördüm: 'Allah'ın yardımı ve fetih gelince, sen de insanların fevc fevc Allah'ın dinine gireceklerini görünce, hemen Rabbini hamdiyle tesbih et, O'nun yarlığamasını dile! Şüphe yok ki, O, tevbeleri çok kabul edendir!' (Nasr: 1-3) buyurdu."

İbn Abbas der ki: Ömer b. Hattab (r.a.) beni meclisine Bedir savaşına katılmış yaşlı sahabelerle birlikte alırdı. Bazısı buna içerlemiş olacak ki, kendisine:

- "Bunu niçin bizimle birlikte alıyorsun? Bizim onun kadar oğullarımız var!" demiş. Ömer de:

- "O, bildiğiniz kimselerden değil!" cevabını vermiş.

Yine bir gün, beni çağırıp onlarla birlikte meclise almıştı.

Sonradan anladım ki; o gün beni onlara göstermek için çağırmıştı. Ömer (r.a.):

- "Yüce Allah'ın 'İzâ câe nasrullâhi vel feth...' kelâmı hakkında ne dersiniz?" diye sordu. Bazıları:

- "Bize yardım ve fetih ihsan edildiğinde Allah'ı hamd ve istiğfar etmemiz emrolunmustur." dediler. Bazısı da sustu, birşey söylemedi. Bana:

- "Sen de mi böyle söylüyorsun ey İbn Abbas?" diye sorunca, ben:

- "Hayır!" dedim.

- "Ya ne diyorsun?" diye sordu.

- "Bu, Resulullah (s.a.v.)'in ecelidir. Ona bunu bildiriyor." 'Allah'ın yardımı ve fetih geldiği vakit, o, senin ecelinin alâmetidir. Artık Rabbini hamd ile tesbih et, O'nun affetmesini dile! Şüphe yok ki, O, tevbeleri çok kabul edendir!' dedim. Ömer (r.a.):

- "Benim bildiğim de, ancak senin söylediğindir. Nasr Suresi, Allah tarafından bir davetçi idi, Resulullah'ın dünyaya vedası idi."

"Bugün size dininizi ikmâl..." (Mâide: 3) mealli âyet nazil olduğu zaman Hz. Ömer ağlamış,

- "Ne için ağlıyorsun?" diye sorulunca:

- "Bu, kemâlden sonra noksan ifade eder! Bu, Peygamber (s.a.v.)'in vefat edeceğini anlatıyor gibidir!" demişti.

Peygamberimiz (s.a.v.) bir gün Hz. Fâtıma'ya gizlice: "Cebrail her yıl Kur'ân'ı benimle bir kere mukabele ederdi. Bu yıl ise, iki kere mukabele etti. Öyle sanıyorum ki, ecelim yaklaşmıştır!" buyurdu.

Cebrail (a.s.)'ın Kur'ân-ı Kerîm'i Peygamberimiz (s.a.v.)'le mukabele edişi, Ramazan aylarında idi. Cebrail (a.s.) Ramazan ayında her gece iner, Kur'ân-ı Kerîm'i Peygamberimiz (s.a.v.)'le başından sonuna kadar mukabele ederdi. Peygamberimiz (s.a.v.)'in vefatından önceki yılın Ramazan'ında ise, bu mukabele iki kere yapılmıştı. Peygamberimiz (s.a.v.), Veda Haccı'nda Müslümanlarla vedalaştı. Veda Haccı'ndan dönerken, Gadîr-i Humm'daki hutbesinde de:

- **"Ey insanlar! Haberiniz olsun ki; ben de ancak bir insanım! Çok sürmez, Yüce Rabbimin elçisi bana gelecek, ben de onun davetine icabet edeceğim!"** buyurmuştu.

Hz. Abbas, bir gün: "Vallahi, ben Resulullah (s.a.v.)'in içimizde ne zamana kadar sağ kalacağını öğreneceğim!" dedi ve ona.

- "Ya Resulallah! Görüyorum ki; halk seni hem bizzat, hem de ayak tozlarıyla rahatsız ediyorlar! Sen üzerine çıkıp oturacağın bir şey, bir taht, halkın tozundan toprağından ve düşmanlardan seni koruyacak bir çardak edinsen, halka oradan konuşma yapsan olmaz mı?" diye sordu. Peygamberimiz (s.a.v.):

- "Vallahi, çok sürmez, onları çağıracağım. Onlar benim sırtımdan ridamı çekecekler. Ökçeme basacaklar. Beni onların tozları bürüyecek. Nihayet Allah beni onlardan rahata erdirecektir!" buyurdu.

Hz. Abbas:

Resulullah'ın içimizde pek az kalacağını anladım. Uyurken, rüyamda arzı semaya iple sımsıkı bağlanıp çekilir gibi görmüş, bunu Resulullah (s.a.v.)'e anlatmıştım. Resulullah (s.a.v.):

- "Bu, senin kardeşinin oğlunun vefatıdır!" buyurdu.

Abdullah b. Mes'ud da:

Sevgili Peygamberimiz, vefatından bir ay önce bize vefatını haber verdi.

- "Yâ Resulallah! Senin ecelin ne zaman?" diye sorduk.

- "Ecel yaklaşmış; Allah'a, Cennetü'l-Me'vâ'ya, Sidretü'l-Müntehâ'ya, Refiku'l-Alâ'ya, Kandırıcı Doluya, Nasib'e, mutlu ve kutlu yaşantıya dönüş yaklaşmış bulunmaktadır!" buyurdu.

- "Yâ Resulallah! Seni kim yıkasın?" diye sorduk.

- "Ev halkımdan, yakınlık sırasına göre en yakın olanlar!" buyurdu.

- "Ya Resulallah! Biz seni neyin içine sarıp kefenleyelim?" diye sorduk.

- "İsterseniz, şu elbisemin içine, yahut Mısır bezine veya kumaşa sarınız!" buyurdu.

- "Ya Resulallah! Senin üzerine cenaze namazını kim kılsın?" diye sorduk ve ağladık.

Kendisi de ağladı ve:

- "Allah size rahmet etsin! Sizi Peygamberinizden dolayı hayırla mükâfatlandırsın! Siz, beni yıkadığınız ve kefenlediğiniz zaman şu sedirimin üzerine ve şu evimin içindeki kabrimin kenarına koyunuz! Sonra, bir müddet benim yanımdan çıkıp gidiniz! Çünkü benim üzerime, ilk önce iki dostum, Cebrail ve Mikâil, sonra İsrafil, sonra da yanında melek ordularıyla birlikte ölüm meleği Azrail namaz kılacaktır! Bundan sonra, takım takım giriniz, üzerime namaz kılınız ve salât-ü selam getiriniz! Fakat, överek, bağırıp çağırarak beni rahatsız etmeyiniz! Üzerime namaz kılmaya önce ev halkımın erkekleri başlasın! Sonra, onların kadınları kılsın! Onlardan sonra da sizler kılarsınız!

Ashabımdan burada bulunmayanlara selam söyleyiniz! Kıyamet gününe kadar şu kavmimden ve dinime, bana tâbi olacak olan kimselere de benden selam söyleyiniz!"

- "Ya Resulallah! Seni kabrine kimler koyacak?" diye sorduk.

- "Ev halkımla birlikte birçok melekler ki, onlar sizi görürler, fakat siz onları göremezsiniz!" buyurdu.

Vasile b. Eskâ' der ki:

Resulullah (s.a.v.), yanımıza çıkıp:

- "Sanır mısınız ki, ben vefatça sizin sonuncunuzum? Haberiniz olsun ki; ben vefatça sizden önceyimdir! Sizler ardarda birbirinizi öldürecek ve cemaatler halinde beni takip edeceksiniz!" buyurdu.

Yüce Allah tarafından, Peygamberimiz (s.a.v.)'e: "Git de, Bakiyy kabristanı halkı için dua et!" buyuruldu. Peygamberimiz (s.a.v.) dua edip dönünce: "Git de, Bakiyy kabristanı halkı için tekrar dua et!" buyuruldu. Peygamberimiz (s.a.v.) gitti, onlar için:

- "Ey Allah'ım! Bakiyy kabristanı halkını bağışla!" diye dua etti. Bakiyy kabristanından dönünce: "Uhud şehitleri için de dua et!" buyuruldu. Peygamberimiz (s.a.v.) Uhud'a gidip, Uhud şehitleri için de dua etti.

Hz. Âişe'nin bildirdiğine göre; Peygamberimiz (s.a.v.) bir gece ridasını ve ayakkabısını çıkarıp ayak ucuna koydu. İzarının bir kısmını döşeğinin üzerine serip uzandı. Biraz kestirdikten sonra, ridasını yavaşça aldı, ayakkabısını yavaşça giydi, kapıyı açıp dışarı çıktı, yavaşça uzaklaştı.

Hz. Âişe de hemen başörtüsüyle başını örttü, izarıyla büründükten sonra Peygamberimiz (s.a.v.)'in arkasından gitti. Bakiyy kabristanına kadar Peygamberimiz (s.a.v.)'i takip etti. Peygamberimiz (s.a.v.), bir müddet ayakta durduktan sonra, ellerini kaldırdı:

- "Selam olsun size ey mü'minler diyarı! Sizler, bizden önce gitmiş bulunuyorsunuz! İnşaallah, biz de size katılacağız! Ey Allah'ım! Onların ecirlerinden bizi mahrum etme! Onlardan sonra bizleri fitnelere uğratma!" diyerek dua etti.

Peygamberimiz (s.a.v.) bir müddet durdu, sonra ellerini kaldırdı, el kaldırışını üç kere tekrarladıktan sonra geri döndü. Peygamberimiz (s.a.v.) hızlı hızlı yürümeye başladı. Hz. Aişe de hızlı yürüdü. Peygamberimiz (s.a.v.) koşmaya başladı. Hz. Âişe de koşmaya başladı. Peygamberimiz (s.a.v.) eve yaklaştı. Hz. Âişe, Peygamberimiz (s.a.v.)'den önce eve girip yatağına uzandı. Sonra, Peygamberimiz (s.a.v.) içeri girdi. Girince, Hz. Âişe'ye:

- "Ey Âişe! Neyin var? Ne için kuşkulandın?" diye sordu. Hz. Âişe:

- "Bir şey yok ya Resulallah!" dedi. Peygamberimiz (s.a.v.):

- "Ya bana sen haber verirsin, ya da Latîf ve Habîr (herşeyden haberdar) bulunan Rabbim bana haber verecektir!" buyurdu. Hz. Âişe:

- "Anam babam sana feda olsun ya Resulallah! Onu sen bana haber ver!" dedi. Peygamberimiz (s.a.v.):

- "Sen benim önümde bulunan karaltıyı gördün mü?" diye sordu. Hz. Âişe:

- "Evet! Sırtıma vurup canımı acıttı!" dedi. Peygamberimiz (s.a.v.):

- "Evet! Cebrail (s.a.v.) bana gelip senden habersizce ayrılmam için bana seslendi. Ben de, senin yanına varmadan habersizce ayrılmayı kabul ettim. Sen elbiseni çıkarınca, seni uyudu sandım, uyandırmak istemedim. Sen korkarsın diye çekindim. Yüce Rabbin Bakiyy kabristanındaki halka gidip kendileri için mağfiret dilemeni sana da emrediyor!" buyurdu. Hz. Âişe:

- "Ya Resulallah! Ben oraya gidip ne diyeyim?" diye sordu. Peygamberimiz (s.a.v.):

- **"Selam ve Allah'ın rahmeti bu diyara bizden önce, bizden sonra gelen mümin ve Müslümanların üzerine olsun! İnşaallah, bizler de gelip size katılacağız, dersin."** buyurdu.

Peygamberimiz (s.a.v.) gecenin sonuna doğru Bakiyy kabristanına gidip: "Selam olsun size ey müminler diyarı! İnşaallah, biz de size katılacağız! Ey Allah'ım! Bakiyyu'l-Garkad halkını yarlığa!" diye dua etmeye başladı.

Peygamberimiz (s.a.v.)'in azadlısı Ebu Nüveyhibe der ki: Resulullah (s.a.v.)'e Bakiyy kabristanında gömülü Müslümanlar için Allahtan mağfiret dilemesi emrolununca, üç kere geceleyin gidip mağfiret diledi. İkinci gecede, Resulullah (s.a.v.) geceyarısı adam gönderip beni çağırttı. Bana:

- "Ey Ebu Nüveyhibe! Hayvanımın semerini vur! Şu Bakiyy kabristanında gömülü halk için Allah'tan mağfiret dilemekliğim bana emrolundu. Sen de benimle gel!" buyurdu.

Resulullah (s.a.v.) hayvanına bindi, ben de yürüyerek kendisiyle birlikte gittim. Bakiyy kabristanına varınca hayvanından indi, ben de hayvanını tuttum.

Resulullah (s.a.v.), onların arasında durup:

- "Esselâmü aleyküm ey kabir halkı! İnsanların içinde sabahladığı şeylerden, sizin içinde sabahladığınız şey, sizin için daha hayırlıdır! Allah'ın sizleri ondan kurtarmış olduğunu bir bilseydiniz! Birbiri ardınca kıt'alar gibi karanlık geceler geliyor! Onların sonradan gelenleri, öncekilerinden de kötü ve baskındır!" buyurdu. Sonra bana dönüp:

- "Ey Ebu Nüveyhibe! Bana dünya hazinelerinin anahtarları ve dünyada temelli kalmak, sonra da Cennet verildi! Ben bununla Rabbime kavuşmak ve Cennet arasında muhayyer kılındım. Bunlardan birisini tercih etmekte serbest bırakıldım. Ben de, Rabbime kavuşmayı ve Cennet'i tercih ettim!" buyurdu. Kendisine:

- "Anam, babam sana feda olsun! Sen dünya hazinelerinin anahtarlarını ve dünyada temelli kalmayı, sonra da Cenneti seçip alsaydın ya!" dedim. Resulullah (s.a.v.):

- "Hayır! Vallahi ey Ebu Nüveyhibe! Ben Rabbime kavuşmayı ve Cenneti tercih etmiş bulunuyorum!" buyurdu.

Efendimiz, Bakiyy kabristanında gömülü Müslümanlar için Allah'ın mağfiretini diledikten sonra, döndü.

Hz. Âişe de der ki:

Resulullah (s.a.v.)'den: "Dünya ile ahiret arasında muhayyer kılınıp birini seçmekte serbest bırakılmadıkça hiçbir peygamber vefat etmez!" buyurduğunu hep işitir, dururdum. Peygamber (s.a.v.)'in ahiret âlemine alınmasına sebep olan buhha'ya tutulup nefes borusunun tıkandığı ve sesinin kalınlaştığı zaman:

**"...Allah'ın kendilerine nimetler verdiği peygamberlerle, sıddıklarla, şehitlerle, salihlerle birlikte! Onlar ne iyi arkadaştırlar!"** (Nisa: 69) mealli ayeti okuduğunu Peygamber (s.a.v.)'den işittim. Sanırım, Peygamber (s.a.v.) o zaman dünya ile ahiret arasında muhayyer kılınmış, ikisinden birini tercihte serbest bırakılmıştı.

Bakiyyü'l-Garkad'da gömülü Müslümanlar için dua ettiği gibi, Uhud şehitleri için de dua ve istiğfar etmesi, Peygamberimiz (s.a.v.)'e Allah tarafından emredilmişti. Peygamberimiz (s.a.v.), bir gün Uhud'a gitti, Uhud şehitleri için dua etti. Sonra, dönüp minbere çıktı. Ölülere ve dirilere veda eder gibi, buyurdu ki:

- "Ben, sizin Kevser havuzuna ilk erişeniniz, karşılayanınız olacağım! Kevser havuzunun genişliği Eyle ile Cuhfe arasındaki mesafe gibidir. Sizinle buluşma yerimiz, Havuzdur! Ben sizin hakkınızda şehadet edeceğim! Ben şu anda havuzumu görüyorum! Şu anda bana yerin hazineleri, yerin anahtarları verildi!

Vallahi, ben sizin için, benden sonra müşriklere dönersiniz diye korkmam! Fakat, ben sizin için dünyaya kapılır ve onun üzerinde birbirinizi kıskanırsınız, birbirinizi öldürürsünüz ve sizden öncekilerin yok olup gittikleri gibi siz de yok olup gidersiniz diye korkarım!" buyurdu.

Peygamberimiz (s.a.v.), Hz. Meymûne'nin evinde yedi gün oturdu. Bir gün, bütün zevcelerini yanına çağırdı. Hastalığını Hz. Aişe'nin evinde geçirmesi için kendilerinden muvafakat istedi. Onlara:

- "Ben yarın neredeyim?" diye sordu. Nerede olacağını haber verdiler. Bazıları da:

- "Resulullah (s.a.v.) ancak Ebu Bekir'in kızının gününü ister!" dediler ve muvafakat ettiler:

- "Yâ Resulallah! Sana helaldir, bizler ancak kızkardeşleriz! (Bu hususta kıskançlık etmeyiz!)" dediler. Peygamberimiz (s.a.v.), onlara:

- "Sizler, böyle yapmamı (hastalığımı Âişe'nin evinde geçirmemi) bana helal ediyor musunuz?" diye sordu.

- "Evet!" dediler.

Bunun üzerine, Peygamberimiz (s.a.v.) ridasını omuzuna aldı.

Hz. Âişe der ki: Peygamber (s.a.v.)'in hastalığı ağırlaşıp da ağrısı şiddetlendiği zaman, benim evimde bakılmak üzere zevcelerinden izin istedi, onlar da izin verdiler. Bunun üzerine, Peygamber (s.a.v.) bir tarafında Abbas, diğer tarafında da başka biri olduğu halde ayakları yerde sürünerek çıktı. Peygamber (s.a.v.)'in benim evimde kalacağını işitince, acele kalkıp evime çekildim. O sırada bir hizmetçim de bulunmuyordu. Peygamber (s.a.v.) için, yastığının içi ızhır otundan doldurulmuş bir döşek serdim. Peygamber (s.a.v.) eve gelip de ağrısı şiddetlendikten sonra: 'Muhtelif yedi kuyu suyundan üzerime, ağız bağları çözülmedik yedi kırba su dökünüz! Böylelikle, vücudumda biraz hafiflik bulup belki halka vasiyette bulunabilirim.' diye buyurdu.

Bunun üzerine, Peygamber (s.a.v.) zevcesi Hafsâ'nın malı olan bir leğen içine oturtuldu. Sonra, o kırbaların suyunu üzerine dökmeye başladık.

Nihayet: "Artık yetişir!" diye bize işaret buyurdu.

Peygamberimiz (s.a.v.)'in hastalığı Safer ayının son gecesinde, Çarşamba günü, Bakiyyu'l-Garkad kabristanına gidip evine döndükten sonra başağrısı ile başlamıştır.

Hz. Âişe der ki: Resulullah (s.a.v.) Bakiyy kabristanından dönünce, beni de başı ağrır bir halde bulmuştu. Ben:

- "Vay başım!" diyordum. Resulullah (s.a.v.):

- "Vallahi ya Âişe! Vay başım, diye ben demeliyim!" buyurdu.

Resulullah (s.a.v.)'in başağrısı gittikçe ilerliyordu. Peygamberimiz (s.a.v.)'in hastalığı on üç gün sürmüştür. Peygamberimiz (s.a.v.)'in hastalıkları: Zehirlenme, Humma (şiddetli sıtma), Buhha (nefes borusunun tıkanıp sesin kalınlaşması ve boğuklaşması) idi.

Hz. Âişe, Peygamberimiz (s.a.v.)'in hastalığı sırasında kendisine:

- "Ey Âişe! Hayber'de tatmış olduğum zehirli etin acısını zaman zaman duyuyorum. Şu anda kalbimin damarının koptuğunu duymaktayım!" dediğini haber vermiştir.

Enes b. Malik de: "Resulullah (s.a.v.)'in küçük dili üzerinde bu zehrin izini ve tesirini görür dururdum." demişti.

Ümmü Bişr b. Berâ' da der ki: Resulullah (s.a.v.) vefatlarıyla sonuçlanan hastalığa tutuldukları zaman, yanına varmıştım. Kendisi humma nöbeti geçiriyordu. Alnına elimle dokundum ve:

- "Yâ Resulallah! Ben seni hiç kimsenin tutulmadığı hummaya tutulmuş görüyorum!" dedim. Resulullah (s.a.v.):

- "Bize verilecek ecir ve mükâfat kat kat olduğu gibi, ibtilâlalar da bize böyle kat kat olur!" buyurdu ve:

- "Halk benim hastalığıma ne diyor?" diye sordu.

- "Halk, Resulullahtaki hastalık zatülcenptir, diyorlar." dedim. Resulullah:

- "Allah bana o hastalığı musallat kılmış değildir. Bu, ancak halka şeytanın bir telkin ve vesvesesidir." buyurdu.

- "Ya Resulallah! Sen bu hastalığın neden ileri geldiğini sanıyorsun? Ben oğlumun ölümünün ancak Hayber'de seninle birlikte yemiş olduğu zehirli koyun kebabından ileri geldiğini sanıyorum." dedim. Resulullah (s.a.v.):

- "Ey Ümmü Bişr! Ben de bu hastalığımın ancak ondan ileri geldiğini sanıyorum! Hayber'de oğlunla tatmış olduğum zehirli etin acısından şu anda kalb damarımın koptuğunu duymaktayım. Zaman zaman onun ağrısını, sızısını duyuyorumdur!" buyurdu.

Ebu Ubeyde'nin halası ve Huzeyfe'nin kızkardeşi Fâtıma Hatun da der ki: Resulullah'ı humma hararetinin şiddetinden sanki asılı bir sudan üzerine hep su damlıyormuş gibi buldum!

- "Ya Resulallah! Şifa bulman için Allah'a dua etsen!" dedik. Resulullah (s.a.v.):

- "İnsanların en ağır belaya uğrayanları peygamberlerdir. Sonra, derecelerine göre, onlardan sonra gelenlerdir." buyurdu.

Ebu Saîd el-Hudrî de, Peygamberimiz (s.a.v.)'i hastalığı sırasında ziyarete gelmişti.

Peygamberimiz (s.a.v.)'in üzerinde bir şilte örtülü idi. Ebu Saîd el-Hudrî şiltenin üzerine elini koyduğu zaman, Peygamberimiz (s.a.v.)'in vücudunun hararetini şiltenin üzerinden hissedip:

- "Humman ne kadar da şiddetlidir!" dedi. Peygamberimiz (s.a.v.):

- "Bize musibet, bela böyle ağırlaştırılır, ecrimiz de kat kat verilir!" buyurdu. Ebu Saîd el-Hudrî:

- "İnsanların en ağır belaya uğrayanları kimlerdir?" diye sordu. Peygamberimiz (s.a.v.):

- "Peygamberlerdir!" buyurdu. Ebu Saîd el-Hudrî:

- "Sonra kimlerdir?" diye sordu. Peygamberimiz (s.a.v.):

- "Salihlerdir!" buyurdu.

Abdullah b. Mes'ud da: "Peygamber (s.a.v.)'in hastalığında vücudu hummanın hararetinden şiddetle sarsıldığı sırada yanına varmıştım.

- "Ya Resulallah! Sen çok şiddetli bir hummaya tutulmuşsun!" dedim. Resulullah (s.a.v.):

- "Evet! Ben sizden iki kişinin humması gibi hummaya tutuldum!" buyurdu.

- "Şüphe yok ki, sana iki ecir var!" dedim. Resulullah (s.a.v.):

- "Evet, öyledir. Hastalığa tutulan hiçbir Müslüman yoktur ki, Allah onun kusur ve günahlarını ağacın yapraklarının döküldüğü gibi dökmesin!" buyurdu.

Saîd b. Cübeyr der ki:

İbn Abbas: "Perşembe günü! Nedir Perşembe günü?" dedi. Sonra da ağlamaya başladı. Gözyaşlarının inci taneleri gibi iki yanağına döküldüğünü gördüm. Kendisine:

- "Ey İbn Abbas! Nedir bu Perşembe günü?" diye sordum. İbn Abbas:

- "Resulullah (s.a.v.)'in hastalığının şiddetlendiği gündür!"

Resulullah (s.a.v.), hastalandığı ve evinde de Ömer b. Hattab gibi bazı zatlar bulunduğu sırada:

- "Bana kalem ve kağıt getiriniz de, size bir yazı yazayım ki, bundan sonra hiçbir zaman dalâlete düşmeyesiniz, doğru yoldan sapmayasınız!" buyurmuştu. Ömer b. Hattab:

- "Resulullah (s.a.v.)'e hastalığı baskın gelmiştir. Yanınızda Kur'ân var! Allah'ın Kitabı bize yeter!" dedi.

Bunun üzerine ev halkı anlaşmazlığa düştüler ve tartışmaya başladılar. Kadınlardan birisi:

- "Resulullah (s.a.v.)'e istediğini getiriniz!" dedi. Ömer b. Hattab:

- "Sus! Siz onun sahibelerisiniz! O hastalandığı zaman gözlerinizi sıkar, yaş çıkarırsınız! Sıhhatli olduğu zaman da sıkıntıya sokarsınız!" dedi.

Peygamberimiz (s.a.v.)'in zevcesi Zeyneb de:

- "Size bir ahid yazdırmak isteyen Peygamber (s.a.v.)'i ne diye dinlemiyorsunuz?" dedi. Kimisi:

- "Resulullah (s.a.v.) sizin için yazacağını yazsın! Kalem ve kâğıdı kendisine yaklaştırınız! Sizin için bir yazı yazsın da, hiçbir zaman yolunuzu şaşımayasınız!" diyor, kimisi de:

- "Ömer'in dediği yerindedir!" diyordu.

Resulullah (s.a.v.)'in yanında anlaşmazlığı çoğaltıp sözleri birbirlerine karıştırdılar ve Resulullah (s.a.v.)'e baygınlık getirdikleri zaman, Resulullah (s.a.v.):

- "Yanımdan kalkınız! Benim yanımda didişme olmaz! Beni kendi halime bırakınız! Benim şu içinde bulunduğum hal, sizin beni davet ve meşgul ettiğiniz şeylerden hayırlıdır!" buyurdu.

Ne büyük musibettir o musibet ki; anlaşmazlıklara düşmek ve sözlerin birbirine karıştırılması yüzünden Resulullah (s.a.v.)'le onlar için yazacağı yazı arasına girilmiştir.

Hz. Ali der ki:

Resulullah (s.a.v.), ağırlaştığı zaman:

- "Ey Ali! Bana bir kürek kemiği getir de, benden sonra ümmetimi doğru yoldan saptırmayacak şeyi onun içine yazayım." buyurdu.

Resulullah (s.a.v.)'in başı kollarımın arasında bulunuyordu. Gidip gelinceye kadar kendisini kaybetmekten korktuğum için:

- "Ben, buyuracaklarını ezberimde tutarım!" dedim.

- "Namaz kılmaya, zekat vermeye devam etmenizi, ellerinizdeki kölelerin haklarını gözetmenizi tavsiye ederim!" buyurdu. "Eşhedü en lâ ilahe illallah ve eşhedü enne Muhammeden abduhû ve resuluh" diyerek şehadette bulunmayı da emretti. "Bu iki gerçeğe şehadette bulunana, Cehennem ateşi haram olur" buyurdu.

Peygamberimiz (s.a.v.), ziyaretine gelen Hz. Osman'ı görünce, ona:

- "Yakınıma gel!" buyurdu.

Hz. Osman, yaklaşıp Peygamberimiz (s.a.v.)'in üzerine eğildi. Peygamberimiz (s.a.v.) ona gizlice birşey söyledi. Hz. Osman başını kaldırınca, Peygamberimiz (s.a.v.):

- "Sana söylediğim şeyi anladın mı?" diye sordu. Hz. Osman:

- "Evet!" dedi. Peygamberimiz (s.a.v.) ona tekrar:

- "Yakınıma gel!" buyurdu.

Hz. Osman, Peygamberimiz (s.a.v.)'in üzerine tekrar eğildi. Peygamberimiz (s.a.v.) yine ona gizlice birşey söyledi. Hz. Osman başını kaldırınca, Peygamberimiz (s.a.v.) ona:

- "Sana söylediğim şeyi anladın mı?" diye sorunca, o da:

- "Evet, onu kulağım işitti, kalbim de ezberledi!" diye cevap verdi.

Bunun üzerine, Peygamberimiz (s.a.v.) ona:

- "Haydi git!" buyurdu.

Peygamberimiz (s.a.v.), rahatsızlığı ağırlaştığı sırada, Abdurrahman b. Ebu Bekir'e:

- "Bana kalem kağıt getir de, Ebu Bekir için bir yazı yazayım (yazdırayım) ki, onun üzerinde anlaşmazlığa düşülmesin!" buyurdu.

Abdurrahman b. Ebu Bekir kalem kağıt getirmek için kalkınca:

- "Otur! Ebu Bekir üzerinde anlaşmazlığa düşülmesine Allah da, Müslümanlar da razı olmaz!" buyurdu.

Sonra, Hz. Âişe'ye:

- "Bana baban Ebu Bekir'i ve senin kardeşini çağır, bir yazı yazayım, yazdırayım. Çünkü, ben bir heveslinin heveslenip: 'Ben bu işe herkesten önce gelirim!' demesinden korkuyorum! Oysa ki, Allah da, mü'minler de Ebu Bekir'den başkasına razı olmaz!" buyurdu.

Peygamberimiz (s.a.v.) "Bana Ebu Bekir'i çağırınız" buyurduğu zaman, Hz. Ömer'i çağırmışlardı. Peygamberimiz (s.a.v.), ayılınca tekrar:

- "Bana Ebu Bekir'i çağırınız!" buyurdu. Yine Hz. Ömer'i çağırdılar.

Bunun üzerine, Peygamberimiz (s.a.v.):

- "Herhalde sizler de Yusuf (s.a.v.) sahibeleri olan kadınlar takımındansınız!" buyurdu.

## Peygamberimiz (s.a.v.)'in Son Uyarısı Neydi?

Peygamberimiz (s.a.v.)'in hastalığı sırasında yanında konuşulurken, Hz. Ümmü Seleme ile Hz. Ümmü Habibe, Habeş ülkesinde içinde suretler bulunan bir kilise gördüklerini anlattılar.

Peygamberimiz (s.a.v.): "Gerçekten de onlar içlerinde iyi bir kimse bulunur da ölürse, onun kabri üzerine bir mescid yaparlar, o suretleri bu mescide asarlardı. Onlar, Kıyamet gününde Allah katında yaratıkların en kötüleri olacaklardır!" buyurdu.

Peygamberimiz (s.a.v.), vefatından beş gün önce, 8 Rebiülevvel Perşembe günü de: **"Dikkat ediniz! Sizden önceki kimseler, peygamberlerinin ve salih kişilerinin kabirlerini mescidler haline getirirlerdi. Sizler sakın kabirleri mescid haline getirmeyiniz!**

Ben sizi böyle şeyden men ederim! Allah'ın laneti Yahudilerle Hıristiyanlara olsun ki, onlar peygamberlerinin kabirlerini mescit edindiler. Allah peygamberlerinin kabirlerini mescitler edinen kavmi kahretsin! Arap yarımadasında, Arap toprağında iki din bırakılmayacaktır!" buyurdu.

> *Müşrik olarak ölenle, bir müslümanı haksız yere öldüren hariç, Allah bütün günahları affedebilir.* (Ebu Davud, 4270)

## *Peygamberimiz (s.a.v.)'in Müslümanlara Son Hitap ve Tavsiyeleri Nelerdi?*

Hz. Ebu Bekir'le Hz. Abbas, Ensar meclislerinden bir meclise uğramışlardı. Ensarın ağladıklarını görünce, onlara:

- "Niçin ağlıyorsunuz?" diye sordular. Onlar da:

- "Resulullah (s.a.v.)'in huzurunda bulunduğumuz günleri hatırladık!" dediler.

Hz. Ebu Bekir'le Hz. Abbas gelip bunu Peygamberimiz (s.a.v.)'e haber verdiler.

- "Ensarın kadınları erkekleri Mescitte ağlıyorlar!" denildi. Peygamberimiz (s.a.v.):

- "Onlar niçin ağlıyorlar?" diye sordu.

- "Sen öleceksin diye korkuyorlar!" dediler.

O sırada, Fadl b. Abbas Peygamberimiz (s.a.v.)'in yanına girmişti. Peygamberimiz (s.a.v.), ona:

- "Ey Fadl! Şu sarığı başıma sar!" buyurdu. Fadl b. Abbas sarığı sarınca, ona:

- "Tut elimden!" buyurdu.

O da, Peygamberimiz (s.a.v.)'in elinden tuttu. Peygamberimiz (s.a.v.), büyük bir ridayı sarınıp bürünmüş ve başını da boz bir sarık ile bağlamış olduğu halde minbere oturdu; ki bu, Peygamberimiz (s.a.v.)'in minbere son oturuşu idi.

Peygamberimiz (s.a.v.) bu günden sonra bir daha minbere çıkmadı. Minbere çıkınca, Fadl b. Abbas'a:

- "Halka seslen!" buyurdu.

Fadl b. Abbas seslenince, Müslümanlar Mescitte toplandılar. Mescit Müslümanlarla doldu.

Peygamberimiz (s.a.v.), kelime-i şehadet getirdikten sonra halka son seslenişini dile getirdi...

### Efendimiz Halka Son Seslenişinde Hangi Konulara Değinmişti?

"Ey insanlar! Ben size olan nimetinden dolayı Allah'a hamd ederim ki, kendisinden başka hiçbir ilah yoktur!" diyerek Allah'a hamd-ü senada bulundu. Her zaman yaptığı gibi, Uhud günü şehit düşen Müslümanlar için de Allah'tan mağfiret diledi.

Sonra: "Ey insanlar! Yakınıma geliniz!" buyurdu. Müslümanlar Peygamberimize doğru geldiler.

- "Ey insanlar! Bana haber verildiğine göre sizler, Peygamberinizin vefat edeceğinden korkuyormuşsunuz! Benden önce gönderilip ümmeti içinde temelli kalmış bir peygamber var mıdır ki, ben de içinizde temelli kalayım! İyi biliniz ki; ben Rabbime kavuşacağım! O'na siz de kavuşacaksınız. İlk Muhacirlere karşı hayırlı olmanızı, onların da aralarında birbirlerine karşı hayırlı olmalarını tavsiye ederim. Yüce Allah:

- 'Asra andolsun ki, muhakkak insan kesin bir ziyandadır! Ancak iman edenlerle güzel ve yararlı amellerde bulunanlar, bir de, birbirlerine hakkı tavsiye ve sabrı tavsiye edenler böyle değildir' (Asr, 1-3) buyurmuştur.

Muhakkak ki, bütün işler Yüce Allah'ın izniyle cereyan eder. Geç olacak şeyleri acele istemeniz birşey sağlamaz!

Çünkü Yüce Allah hiç kimsenin acele etmesiyle acele etmez!

Allah, Kendisini yenmeye kalkanı yener, mahveder! Aldatmaya kalkanı da zararlı çıkarır!

'Demek, idareyi ve hâkimiyeti ele alırsanız hemen yeryüzünde fesat çıkaracak, akrabalık münasebetlerini bile keseceksiniz, öyle mi?' *(Muhammed, 22)*

Hiçbir peygamber, arkasında bir cemaat bırakmadıkça vefat etmemiştir. Ben de, sizin içinizde Ensarı bıraktım. Allah'tan sakınmanızı ve onlara karşı iyi davranmanızı tavsiye ederim. Bilirsiniz ki, onlar mallarını sizinle bölüştüler! Size darlıkta da, bollukta da iyilik ve yardım ettiler! Onların hakkını tanıyınız! Çünkü onlar sizden önce Medine'yi yurt ve iman evi edinmiş ve siz Muhacirlere iyilik etmiş olan kimselerdir. Onlar, meyve ve mahsullerini sizinle bölüşmediler mi? Onlar size yurtlarında yer vermediler mi? Kendileri muhtaç oldukları halde, sizi kendilerine tercih etmediler mi?

Ey Muhacirler cemaati! Siz çoğalmış olduğunuz halde sabaha çıktınız! Ensar ise çoğalmamış olarak sabaha çıktılar. Ey Muhacirler cemaati, iyi biliniz ki Ensar cemaati git gide azalacaklar, hatta yemek içindeki tuz gibi olacaklar! Sizler ise çoğalacaksınız! Başka insanlar da çoğalacaklar!

**Ensara karşı iyi davranmanızı size tavsiye ederim. Çünkü onlar benim sırdaşlarım, sığınağım ve barınağım oldular. Onlar, üzerlerine aldıkları yardım vazifesini tamamıyla yerine getirmişlerdir. Kendilerine ancak mükâfat verilmesi kalmıştır.**

Sizden, Muhammed ümmetinden her kim bir iş başına geçer de bir kimseye zarar veya yarar vermeye gücü yetecek hale gelirse, Ensardan iyilik edenlerin iyiliğini kabul, kötülük edenlerin de kötülüğünü affetsin! Onların iyilerine iyilik ediniz! Kötülüklerinden de geçiniz! İyi biliniz ki, ben sizden önce gidecek, sizi bekleyeceğim! Siz de gelip bana kavuşacaksınız! Dikkat ediniz! Sizinle buluşma yerimiz Havuz başıdır! **Yarın benimle buluşmak isteyen, elini ve dilini günahtan çeksin!**

Ey insanlar! Günah, nimetlerin değiştirilmesine sebeb olur. Halk iyi olduğu zaman, yöneticileri de iyi olur. Halk kötü olduğu zaman, yöneticileri de kötü olur. Varlığım Kudret Elinde bulunan Allah'a yemin ederim ki, ben şu saatte Havuzumun üzerinde duruyor, şu bulunduğum yerden Havuzuma bakıyorumdur!

Şanı yüce olan Allah, bir kulunu dünya ile dünya zineti ile istediği dünya nimetlerini kendisine vermekle, kendi katındaki nimetler arasında muhayyer kıldı. Bunlardan birisini seçmekte serbest bıraktı. O kul da ahireti, Allah katında olanı tercih etti, seçti buyurdu.

Hz. Ebu Bekir, Peygamberimiz (s.a.v.)'in kendisinden bahsettiğini anladı. Cemaat içinde Hz. Ebu Bekir'den başka hiç kimse Peygamberimiz (s.a.v.)'in maksadını anlayamadı. Hz. Ebu Bekir ağlamaya başladı. Gözleri yaşla doldu. Ağlayarak;

- "Anam, babam sana feda olsun ya Resulallah! Sana babalarımızı, analarımızı, canlarımızı, mallarımızı, evlatlarımızı feda ederiz!" dedi.

Mescitte bulunan Müslümanlar, Hz. Ebu Bekir'in ağladığını görünce;

- "Resulullah (s.a.v.) dünya hayatıyla Rabbine kavuşma arasında Rabbi tarafından muhayyer kılınan ve Yüce Rabbine kavuşmayı tercih eden salih bir kişiden bahsederken, Ebu Bekir'in ağlama haline şaşmaz mısınız?" dediler. Halbuki o, Resulullah (s.a.v.)'in söylediği sözün manasını onlardan daha iyi biliyordu.

Ebu Saîd el-Hudrî der ki: Ben kendi kendime, "Allah'ın bir kulunu dünya nimetiyle ahiret nimetleri arasında muhayyer bırakmasında, onun da ahireti tercih etmesinde ne var ki, Ebu Bekir'i ağlatıyor?" demiş, ona:

- "Ey Ebu Bekir! Sen bir kulun dünya ile ahiret arasında muhayyer kılınıp onun da ahireti tercih edişine ne diye ağlıyorsun?" diye sormuştum.

Meğer, muhayyer kılınan kul Resulullah Aleyhisselammış! Bunu, Ebu Bekir bizden daha iyi biliyormuş! Peygamberimiz (s.a.v.), Ebu Bekir'e bakıp:

- "Ey Ebu Bekir! Ağlama!"

Ey insanlar! İnsanlardan; canında, malında, arkadaşlığında bana karşı Ebu Bekir b. Ebu Kuhâfe'den daha fedakâr ve cömert davranan bir kimse yoktur. Eğer, Rabbimden başka, insanlardan dost tutmuş olsaydım, muhakkak ki Ebu Bekir'i dost tutardım! Fakat İslâm kardeşliği daha üstündür! Haberiniz olsun ki, sahibiniz, Yüce Allah'ın dostudur! (Evlerinizden) şu Mescide açılan kapıları kapatınız! Yalnız Ebu Bekir'in kapısı açık kalsın! Ben Ebu Bekir'in kapısının üzerinde bir ışık, başka kapıların üzerinde ise karanlık görüyorum!

Nihayet, ben de bir insanım! Aranızdan bazı kimselerin hakları bana geçmiş olabilir! Ben kimin malından ne almışsam, işte malım, o da gelsin alsın! **İyi biliniz ki; benim katımda sizin en önde geleniniz, en sevgili olanınız, varsa hakkını benden alan veya hakkını bana helal eden kişidir ki, Rabbime onun sayesinde helalleşmiş olarak, gönül hoşluğu ve rahatlığı ile kavuşacağımdır!**

Hiç kimse 'Resulullahın kin ve düşmanlık beslemesinden korkarım!' diyemez! İyi biliniz ki; kin ve düşmanlık beslemek asla benim huyumdan ve halimden değildir!

Ben aranızda durup bu sözümü tekrarlamaktan kendimi müstağni göremiyorum!" buyurduktan sonra, sözlerini tekrarladı. Bunun üzerine, bir adam ayağa kalktı:

- "Senden bir isteyici istekte bulununca, sen ona üç dirhem vermemi emretmiştin, ben de vermiştim." dedi. Peygamberimiz (s.a.v.):

- "Doğru söylüyorsundur! Ey Fadl b. Abbas! Buna üç dirhem ver!" buyurdu.

"Ey Allah'ım! Ben ancak bir insanım! Müslümanlardan hangi kişiye ağır bir söz söylemiş veya bir kamçı vurmuş veya lanet etmişsem, Sen bunu onun hakkında temizliğe, ecre ve rahmete ermesine vesile kıl! Allah'ım! Ben hangi mü'mine ağır bir söz söylemişsem, Sen o sözümü Kıyamet gününde o mümin için Sana yakınlığa vesile kıl!" diye dua etti. Sonra da:

- **"Ey insanlar! Kimin üzerine geçmiş bir hak varsa, o, onu hemen ödesin, dünyada rüsvay olurum demesin! İyi biliniz ki; dünya rüsvaylığı ahiret rüsvaylığından hafiftir."** buyurdu.

Bunun üzerine, bir adam ayağa kalktı ve:

- "Ya Resulallah! Ben Allah yolunda savaş ganimetine hıyanet etmiş, üzerime üç dirhem geçirmiştim!" dedi. Peygamberimiz (s.a.v.), ona:

- "Sen bu hıyaneti ne için yaptın?" diye sordu. Adam:

- "Ona ihtiyacım vardı." dedi. Peygamberimiz (s.a.v.):

- "Ey Fadl b. Abbas! Bu kişiden Beytü'l-mâl (hazine) hesabına üç dirhem teslim al!" buyurdu.

Peygamberimiz (s.a.v.): "Ey insanlar! Nefsinden korkan varsa, ayağa kalksın da, kendisi için dua edeyim!" buyurdu. Bunun üzerine, bir adam ayağa kalktı:

- "Ya Resulallah! Ben çok pintiyim, korkağım, çok da uykucuyum! Allah'a dua et de, benden pintiliği, korkaklığı ve uykuculuğu gidersin!" dedi.

Peygamberimiz (s.a.v.) ona dua etti. Sonra, bir adam ayağa kalktı ve:

- "Ya Resulallah! Ben çok yalancıyım! Çirkin sözlü, çirkin işliyim! Hem de uykucuyum!" dedi.

Peygamberimiz (s.a.v.): "Ey Allah'ım! Ona doğru sözlülük ve iman olgunluğu nasip et! Uyumak istedikçe, kendisinden uykuyu gider!" diye dua etti. Daha sonra, bir adam ayağa kalktı ve:

- "Vallahi ya Resulallah! Ben de çok yalancıyım! Hem de münafıkım! Benim işlemediğim hiçbir kötülük yoktur!" dedi. Hz. Ömer, ona:

- "Be adam! Kendini rezil ve rüsvay ettin!" dedi. Peygamberimiz (s.a.v.):

- "Ey İbn Hattab! Dünya rüsvaylığı ahiret rüsvaylığından hafiftir!" buyurdu ve adam için de:

"Ey Allah'ım! Ona doğru sözlülük ve iman olgunluğu nasip et! Kendisinin kötü işlerini hayra çevir!" diyerek dua etti. Sonra, bir kadın ayağa kalkıp:

- "Bende şöyle şöyle haller var! Allah'a dua et de, benden bu halleri gidersin!" dedi.

Peygamberimiz (s.a.v.), ona:

- "Sen Âişe'nin evine git!" buyurdu.

Sonra, minberden indi. Hz. Âişe'nin evine dönünce, kadının başına asasını koyduktan sonra, ona dua etti. Hz. Âişe, kadın daha yanından ayrılmadan Peygamberimiz (s.a.v.) duasının tesirini gördüğünü söyler.

## *Efendimiz Neden Hz. Ebu Bekir'in Kapısının Açık Bırakılmasını İstedi?*

Mescidin çevresindeki evlerin kapılarından Hz. Ebu Bekir'in kapısından başkaları kapatıldı. Hz. Ömer:

- "Ya Resulallah! Benim kapımı bırak, kapattırma da, onu açıp senin namaza çıktığına bakayım!" dedi. Peygamberimiz (s.a.v.):

- "Hayır!" buyurdu. Hz. Abbas:

- "Ya Resulallah! Adamların kapılarını mescide ne için kapadın?" diye sordu. Peygamberimiz (s.a.v.):

- "Ey Abbas! Ben ne kendiliğimden açtım, ne de kendiliğimden kapattım!" buyurdu.

## *Peygamberimiz (s.a.v.)'in Evinde Kıldırdığı En Son Namaz Nasıldı?*

Peygamberimiz (s.a.v.)'in hastalığı sırasında kıldırdığı en son namaz, akşam namazıydı.

Hz. Abbas'ın zevcesi Ümmü'l Fadl binti Haris: "Resulullah (s.a.v.), elbisesini giyinmiş olduğu halde Ve'l-Mürselât Suresini okuyarak evinde akşam namazı kıldırdı. Bundan sonra, ahiret âlemine alınıncaya kadar bir daha namaz kıldırmadı."

## *Peygamberimiz (s.a.v.) Son Dakikalarını Nasıl Geçirmiş ve Son Dileği Ne Olmuştu?*

Rebiülevvel ayının onikinci veya onüçüncü Pazartesi günü, kaba kuşluk vakti, güneş zevale (batıya kaymaya) doğru yaklaşıyorken Peygamberimiz (s.a.v.) son dakikalarını yaşıyordu. Peygamberimiz (s.a.v.)'in başı Hz. Âişe'nin göğsüne yaslı bulunuyor ve Hz. Âişe:

- "Ey insanların Rabbi! Hastalığı gider, kaldır! Gerçek tabib Sensin! Gerçek şifa verici Sensin!" diyerek şifa diliyor. Peygamberimiz (s.a.v.) ise:

- "Hayır! Ben Allah'tan Refik-i A'lâ zümresine katılmayı; Cebrail, Mikâil ve İsrafil ile birlikte olmayı dilerim! Ey Allah'ım! Beni yarlığa! Beni Refik-i A'lâ zümresine kavuştur! Ey Allah'ım! Beni affet! Bana rahmetini ihsan et! Beni Refik-i A'lâ zümresine kavuştur!" diyerek duaya devam ediyordu.

Hz. Âişe der ki:

Resulullah (s.a.v.)'den, sıhhatte iken, birçok defalar, "Hiçbir peygamber yoktur ki, ruhu, Cennetteki durağını görmedikçe alınmaz! Sonra, durağına gitmesi arzusuna bırakılır!" buyurmuştu.

Kendisi, hastalanıp ruhu alınmak zamanı gelince, başı benim dizimde bulunduğu halde, üzerine bir baygınlık geldi. Ayılınca, gözü açılıp evin tavanına doğru dikildi ve:

- "Allah'ım! Refik-i A'lâ zümresine kat!" dedi. Ben o zaman:

- "Resulullah bizi tercih etmiyor!" dedim.

Anladım ki; Resulullah'ın bu temennisi, vaktiyle sıhhatli zamanında bize söyleyip durduğu bir haberin kendisinde gerçekleşmesidir!

## Cebrail (a.s.)'ın Peygamberimiz (s.a.v.)'i Ziyaretinde Neler Yaşandı?

Cebrail (a.s.), Peygamberimiz (s.a.v.)'in eceline üç gün kaldığı ilk günde gelip:

- "Ey Ahmed! Yüce Allah sana ikram olarak beni gönderdi. Sana soracağı şeyi senden daha iyi bildiği halde, sana 'Kendini nasıl buluyorsun?' diye soruyor" dedi. Peygamberimiz (s.a.v.):

- "Ey Cebrail! Kendimi baygın bir halde buluyorum! Ey Cebrail! Kendimi sıkıntılı bir halde buluyorum!" buyurdu.

İkinci gün, Cebrail (a.s) tekrar inip:

- "EyAhmed! Yüce Allah sana ikram olarak beni gönderdi. Sana soracağı şeyi senden daha iyi bildiği halde, sana 'Kendini nasıl buluyorsun?' diye soruyor" dedi. Peygamberimiz (s.a.v.):

- "Ey Cebrail! Kendimi baygın bir halde buluyorum! Ey Cebrail! Kendimi sıkıntılı bir halde buluyorum!" buyurdu.

Üçüncü gün (Pazartesi günü) olunca, Cebrail (s.a.v.) indi. Cebrail (a.s.)'ın yanında ölüm meleği (Azrail) de inmişti. Cebrail (a.s.):

- "Ey Ahmed! Yüce Allah sana ikram olarak beni gönderdi. Sana soracağı şeyi senden daha iyi bildiği halde, sana 'Kendini nasıl buluyorsun?' diye soruyor" dedi.

Peygamberimiz (s.a.v.):

- "Ey Cebrail! Kendimi baygın bir halde buluyorum! Ey Cebrail! Kendimi sıkıntılı bir halde buluyorum!" buyurdu.

Bundan sonra ölüm meleği (Azrail) içeri girmek üzere izin istedi. Cebrail (a.s.):

- "Ey Ahmed! Bu ölüm meleği senin yanına girmek için izin istiyor! Halbuki, o, senden önce hiçbir Âdemoğlunun yanına girmek için izin istememiştir! Senden sonra da hiçbir Âdemoğlunun yanına girmek için izin istemeyecektir! Kendisine izin ver!" dedi.

Ölüm meleği içeri girip Peygamberimiz (s.a.v.)'in önünde durdu ve:

- "Ya Resulallah! Ya Ahmed! Yüce Allah beni sana gönderdi ve senin her emrine itaat etmemi de bana emretti! Sen istersen ruhunu alacağım! İstersen, ruhunu sana bırakacağım!" dedi. Peygamberimiz (s.a.v.):

- "Ey ölüm meleği! Sen böyle yapacak mısın?" diye sordu. Ölüm meleği:

- "Ben bu hususta emredeceğin herşeyde sana itaatle emrolundum!" dedi. Cebrail (a.s.):

- "**Ey Ahmed! Yüce Allah seni özlüyor!**" dedi. Peygamberimiz (s.a.v.):

- "Allah katında olan, daha hayırlı ve daha devamlıdır! Ey ölüm meleği! Haydi, emrolunduğun şeyi yerine getir! Ruhumu, canımı al!" buyurdu.

Peygamberimiz (s.a.v.), yanındaki su kabına iki elini batırıp ıslak ellerini yüzüne sürdü ve: "Lâ ilahe illallah! Ölümün de, akılları başlardan gideren ıztırap ve şiddetleri var!" buyurduktan sonra, elini kaldırdı, gözlerini evin tavanına dikti ve: "Ey Allah'ım! Refik-i A'lâ!" diye diye mübarek ruhunu teslim etti. Eli yanına, yanındaki suyun içine düştü.

Allâhümme salli alâ nebiyyinâ ve seyyidinâ Muhammedin ve alâ âlihî ve sahbihi ve sellim!

Cebrail (a.s.):

- "Selam olsun sana ey Allah'ın Resulü! Bu, senin için yeryüzüne ayak basışlarımın sonuncusudur!" dedi.

Peygamberimiz (s.a.v.)'in üzerine bir örtü örttüler, çevresine oturup ağlaştılar.

Peygamberimiz (s.a.v)'in ev halkı, o sırada hiçbir şahıs görmedikleri ve sezmedikleri halde: "Selam ve Allah'ın rahmet ve bereketleri üzerinize olsun!" diyerek kendilerine selam verildiğini ve taziyede bulunulduğunu işittiler.

Efendimizin vefatından sonra derin bir acıya gark olan Efendimizin kızı Hz. Fatıma şöyle söyleyecektir:

"Gökyüzünün ufukları tozlandı.

Güneş dürülüp ışığını kaybetti.

Gecesi gündüzü karanlıklara gömüldü.

Peygamberden sonra, yeryüzü ona duyduğu teessürden ve şiddetli ıztıraptan dolayı bir kum yığını haline geldi.

Varsın ona Doğunun ve Batının şehirleri ağlasın!

Mudarlar ve bütün Yemen kabileleri ona ağlasın!

Ona yüce dağlar, ovalar, örtülü Beytullah ve rükünler de ağlasın!

Ey peygamberler hâtemi olan (babam!)

Furkan'ı indiren sana getirdi salâtü selam!"

Hz. Fâtıma, Peygamberimiz (s.a.v.)'in kabrinin toprağından alıp kokladıktan ve gözlerine sürdükten sonra: "Ahmed (s.a.v.)'in toprağını koklayanın hali ne mi olur? Ömür boyunca güzel koku koklamamak. Benim üzerime öyle musibetler döküldü ki, onlar gündüzlerin üzerine dökülseydi, gece olurlardı belki!" dedi.

### NEBİ'YE AĞIT

Neden akıtmaz oldun gözlerim?
Kurudu mu göz pınarların yoksa?
Duymadın mı dosta neler oldu?
Medine yasta gönlüm!
Hissetmedin mi yoksa, hissetmedin mi?

Cebrail artık gelmeyecekmiş!
Gökle irtibat koptu,
Koptu, koptu artık gönlüm.
Mescid öksüz, mihrab yönsüz,
Ebu Bekir dostsuz, Ali bitkin,
Sevgili olmayınca!
Nere avutur bizi, artık söyle gönlüm?
Nere avutur?

Bilal ezan okurken hıçkırıp
Titreyip ağlıyormuş!
Medine'de duramam artık diyormuş.
Mescit de Bilal'siz kaldı gönlüm,
Mescit de öksüz kaldı,
Sessiz kaldı...
Yan, yan artık gönlüm!

Artık Yemen'deki Veysel'e söyleyin,
Hasretle büyüttüğü sevgili

Yesrib'de soldu bilsin.
Gelmesin artık buralara,
Acıları büyütmek için gelmesin
Gelmesin artık...
Gelip de yarayı kanatmasın,
Can buna dayanmaz.
Dayanmaz artık gönlüm!

Daha çocukken annesini yitiren,
Yetim Fatıma nasıl dayansın bu acıya?
Kim silsin artık yaşlı gözlerini?
Neyle avunsun,
Söyle gönlüm neyle avunsun?

Diyorlar ki, Fatıma artık hiç gülmüyor
Hiç konuşmuyormuş.
Sevgili son yolculuğuna uğurlanırken;
Fatıma acıların kıskacında kavrulurken sormuş:
Nasıl eliniz vardı Enes?
Nasıl?
Yüce Resulün üzerine toprak atmaya
Nasıl eliniz vardı?
Nasıl gönlünüz razı oldu Enes,
Yüce nebiyi toprağa gömmeye?
Söyle gönlüm, nasıl, nasıl?...

Safiyye ağıt yakmış,
Ruhum perişan oldu
Malı yağmalanmış bir kimse gibi
Kederimden uyuyamadım...

Ey nebi, sen bizim ümidimizdin,
Bize karşı her zaman şefkatli ve merhametliydin.
Ağlamak isteyen, bugün senin ardından ağlasın!
Kalbime kızgın şişler saplandı sanki,
Hasan ağlayarak ve ağlatarak dedesini çağırıyor.
Anam, halam, canım sana kurban olsun Ey nebi,
Canım sana kurban olsun efendim, kurban olsun...

Ömer deliye dönmüş,
Hayır o ölmedi.
Vallahi kim o öldü derse kellesini uçururum.
Henüz münafıkların kökü kesilmedi ki,
O ölemez diyormuş.
Ebu Bekir çıkıp;
Muhammed ancak bir peygamberdir.
Ondan öncede peygamberler geçmişti,
Ölür veya öldürülürse geriye mi döneceksiniz?
Geriye dönen, Allah'a hiçbir zarar veremez
Allah şükredenlerin mükafatını verecektir. *(Al-i imran 144)*
Habibim sen öleceksin,
Onlar da ölecekler ayetini okumuş.
İşte o zaman Ömer'in diz bağları çözülüp
Yere yığılmış.
İşte o an dayanılmaz hakikatle yüz yüze gelmiş...
Yan Ömer yan!
Dünya Resulsüz, Medine Nebisiz kaldı.
Son elçi de göçtü, geriye biz kaldık
Yapayalnız efendim, yapayalnız...
Hani gönderdiğin son ordu,
Gönderdiğin son komutan,

Üsame var ya efendim,
Medine dışında bekleşiyorlarmış...
Uhud'sa hiç olmadığı kadar sessizce,
Senli Medine'yi,
Son bir kez uzaktan seyrediyormuş.
Her bir şey korku içinde efendim.
Korku kendi zindanını örerken,
Senle son bir kez imanın sınanması var ya,
Her bir kimseyi akrebin kıskacında kıvrandırıyor,
Şaşırtıyor, delirtiyor efendim.
Ayrılığını düşündükçe,
Sensizlik ateşi benlikleri kül ediyor efendim.
Kılıcı düşmüş asker,
Kağıtları elinden alınmış talebe gibi,
Perişan ve yorgun,
Şaşkın ve isteksiz,
Sensiz, kimsesiz, öksüz efendim.
Sensizlik, kimsesizlik, öksüzlük efendim.
Hicretinle, risaletinle,
Bereketinle gelmiştin efendim.
Cebrail'le, Mikail'le, İsrafil'le gelmiştin,
Azrail'le gittin efendim.
Gönlümüz senle tamda huzura kavuşmuştu ki,
Gidişinle yeniden yıkıldı efendim.
Yeniden yıkıldı,
Medine yıkıldı, Mekke yıkıldı efendim.
Sarsıldık, yıkıldık, yıkıldık efendim...

Neden akıtmaz oldun gözlerim?
Kurudu mu göz pınarların yoksa?

Duymadın mı dosta neler oldu?
Medine yasta gönlüm
Hissetmedin mi yoksa?
Cebrail artık gelmeyecekmiş!
Gökle irtibat koptu,
Koptu, koptu artık gönlüm
Mescit öksüz, mihrab yönsüz
Ebu Bekir dostsuz, Ali bitkin...
Nere avutur bizi artık, söyle gönlüm?
Nere avutur, nere avutur efendim?

Hani bir gün, bir meseleden dolayı,
Bir kadına emir vermiş ve geri dönmesini istemiştin
O da size dönerek demişti ki;
'Ya döndüğümde seni bulamazsam!'
İşte o an var ya efendim, sensizliği düşünmüş,
Ve içinden çıkamamıştım,
Boğulmuştum sensizlik girdaplarında.
Düşünememiştim sensizliği efendim.
Hemen arkasından kadına dönerek;
'Eğer beni bulamazsan Ebû Bekir'e gel' demiş,
Sanki ayrılığın ilk işaretlerini vermiştin.
Şimdi sen yoksun efendim, Ebu Bekir yaşlı,
Ebu Bekir'de yaşlı gözlerle seni arıyor efendim.
Seni arıyor...
Mübarek başın sarılı olarak minbere çıkmıştın,
Herkes sana hayran, hayran bakıyordu.
Seni karşılarında bulurken dahi özlemişlerdi
Sanki efendim...
Sen Uhud ashabını anıp dua ve istiğfar buyurmuş,

Allah'ın kullarından bir kul var ki,
Allah onu dünya ile kendi katındaki şeyler arasında
Muhayyer kıldı, o da,
Allah'ın katındakini ihtiyar etti demiştin.
Ebu Bekir hıçkırıklara boğulup:
Hepimiz, 'Çoluk çocuğumuzla
sana feda olalım efendim, feda olalım' demiş
Sen de: 'Ey Ebu Bekir, dur, yavaşla!' demiştin.
İşte o zaman, evet işte o zaman efendim
Mescidin hiç bu kadar ağırlaşmamış,
Hiç bu kadar soğuk olmamıştı.
Ayrılık mesajın, dondurmuştu bizleri.
Üşüdük efendim, üşüdük, üşüdük...
'Ümmetime rahmet edilmiştir
Ahirette azap görmeyeceklerdir.
Dünyadaki azapları ise fitneler, depremler
Ve öldürme olacaktır.' demiştin.
Şimdi sen yoksun efendim
Takvim işlemeye hemen başladı.
Fitne kazanları sen yokken,
Hemen fokurdadı, kaynadı efendim.
Bir bilsen neler oldu,
Neler oluyor efendim, neler!

Öksüz kaldık efendim.
Bıraktığın emaneti koruyamadık,
Dikkat edin, aman ha dikkat edin dediğin
Hususları görmedik, göremedik.
Bir bilsen efendim,
Ümmetini bir görsen,

Bilmem tanıyabilecek misin?
Her yerde yangın var efendim,
Her yerde feryat var.
Çocuklar, analar, ağlıyor efendim.
Ümmetin zillet çukurunda,
Bir el bekliyor,
Biliyorum efendim.
Bunları söylemek çok acı, ama
Yangın var efendim, yangın var!
Ümmetin arasında fitne kol geziyor
Kol geziyor efendim...

Neden akıtmaz oldun gözlerim?
Kurudu mu göz pınarların yoksa?
Duymadın mı dosta neler oldu?
Medine yasta gönlüm,
Hissetmedin mi yoksa?

Cebrail artık gelmeyecekmiş,
Gökle irtibat koptu,
Koptu, koptu artık gönlüm.
Mescit öksüz, mihrap yönsüz
Ebu Bekir dostsuz, Ali bitkin
Nere avutur bizi artık söyle gönlüm?
Nere avutur, nere avutur efendim?

## *Efendime Veda*

Can veren canım, efendim,
Ne oldu sana?
Gelmez oldun, çıkmaz oldun.
Mekana şeref veren kokundan
Nasipsiz kaldı gönüllerimiz efendim.
Namazlar öksüz,
Zikirler fersiz,
Gözler nemli,
Yürekler tedirgin ve buruk,
Seni arar,
Seni sorar olduk efendim

Ana, anam
Aişe anam, ne olur söyle
Efendim nasıldır, nicedir?
Kaç gündür, bilmem ki kaç gündür
Erkenden mescidde yüce Resulün
Gül yüzünü bugün bari görebilir miyim diye
Bilal'den önce bir köşede bekliyorum
Bugün de gelmedi canım,
Efendim, gelmedi.
Bugün de, yeşeren umut dallarım sarardı.
Karalara büründü zihnim,

Şaşırdım kaldım.
Kalabalıklar içinde yapayalnız
Sahipsiz ve öksüz
Tek başıma kalakaldım efendim.
Tek başıma kalakaldım.

Diyorlar ki, yüceler yücesi
Kâinatın efendisi,
Seçilmişlerin en şereflisi,
Mekke'nin yetimi,
Medine'nin efendisi,
Evrenin incisi,
Solgun ve baygın,
Acılar içinde
Başı döşekte
Dünyayı taşıyan o mübarek başı
Ağrılar içindeymiş.

Ey Muaz,
Şimdi yan!
Şimdi kavrul hasretin ateşinden.
Hani Yemen'e vali olarak atandığında
Sen at sırtında, efendim yaya
Medine'nin dışına kadar gitmiştiniz de:
'Ey Muaz! Bil ki bu senemden sonra beni
Bir daha göremezsin!
İhtimal ki şu mescidimle kabrime uğrarsın.'

Demişti de, yanmış kavrulmuştu Medine.
Sen hıçkırıklara boğulup
Dostu terk etmemek için
Yaşlı gözlerle, utangaç ve mahcup
Mübarek yüzüne bile bakamamış
Yüreğine tuz basıp gözün arkada
Medine'den uzaklaşıp kaybolmuştun
Bilmem, şimdi yemen nasıldır ama
Medine'de yangın var Muaz
Medine'de yas var, hüzün var.
Acıların anası Medine'de kol geziyor Muaz, kol geziyor.

Ebu Bekir, Ömer, Osman ve Ali de bir şey söylemiyorlar
Hazan mevsimi mi yâ Rab
Biricik gülün solacak mı?
Fatıma'nın iki goncası
Hasan ile Hüseyin yetim mi kalacak?
Medine şerefini
Medine Muhammedini
Ensar ve Muhacir müjdecisini kayıp mı edecek?
Efendimizi kayıp mı edeceğiz?
Bir daha göremeyecek miyiz?

Yüce Resul hasta döşeğinde:
"Size Allah'tan korkmanızı tavsiye ediyorum,
Sizi O'na havale ediyorum.
Ben sizin için gönderilmiş apaçık bir korkutucuyum.
Allah'ın mülkünde, Allah'ın kullarına zulüm yaparak,
Allah'a karşı üstün gelmeye kalkışmayınız.

Çünkü Cenab-ı Hak bana ve size; "Bu ahiret yurdunu, yeryüzünde böbürlenmeyi ve bozgunculuğu istemeyen kimselere veririz. Sonuç Allah'a karşı gelmekten sakınanlarındır."

"Böbürlenenler için Cehennem'de bir durak olmaz olur mu?" buyurmuş.

"Ey ashabım! Ecel, Allah'a dönüş, sidre-i Münteha'ya, Me'va cennnetine, dopdolu kâseye, en yüce dosta kavuşma zamanı yaklaştı." demiş.

Sen de orada idin ey Abdullah b. Mes'ud
Nasıl, nasıl yüreğin dayandı bu sözleri duymaya?
Nasıl ayakta durabildin oracığa yığılmadan?
Nasıl elin uzanmadı?
Yüce Resulün gözünden akan
İnci akan pınarlarına?
Nasıl, nasıl?

Bilal, ey Bilal ne olur söyle
Allah aşkına söyle
Hıçkırarak ağlamak
Seni dindiriyor mu?
Dost'un bıraktığı mihraptan
Kamet sesleri nasıl yankılanır artık Bilal?
Sesin hâlâ çıkıyor mu?
Duyuyor musun, Bilal?
Medine sana yar olur mu artık?
Bize yar olur mu?
Olur mu, olur mu?

Seher vakti kazılınca toprak
Bir feryattır kopar
Medine'den arşa kadar
Anam Aişe'nin odasında
Sedir üstünde sessizce yatar
Serveri evliya,
Nebiler sultanı
Efendim yatar.

Melekler sukutta,
Melekler nöbette
Gökte bir ses
Muhammed, Muhammed
Hoş geldin
Şeref verdin

Evs b. Havel'in elinde bir testi, su döker
Gözü yaşlı Ali, Resulün mübarek tenine dokunurken
'Babam sana kurban olsun.
Hayatında güzeldin, ölümünde de güzelsin'
Derken titriyor.
Selam, selam sana ey peygamber!
Allah'ın rahmeti ve bereketi üzerine olsun diyerek toprağın kara bağrına yüce Resulü emanet ediyordu.